JN116490

現代租税法研究

小池和彰 ［編著］

創 成 社

はしがき

　前任校，京都産業大学では，関西と関東の違いを強く意識した。経営学部の事務所で新人の予算で確か本棚かなにかの購入をお願いしたら，「考えときます」といわれた。後で知ったのだが，考えときますは，京都ではだめですという意味だった。京都は，東京に対するライバル意識がすごかったが，東京は京都に対するあこがれが強い。

　これまでクラブの顧問も担当した。特に京都産業大学では，ラクロス部男女と Jolly Jam テニスチームの顧問となり，積極的に学生にかかわった。

　ラクロス部では，平日や土曜日の午後は，学生とともにヘルメットをかぶり，パスの練習をした。時にはアイスクリームの差し入れもして，学生に喜ばれた。試合の応援も参加し，大阪や神戸にでかけ，一生懸命応援をした。

　Jolly Jam テニスチームにも週2回ほど参加し，「先生は参加率がすごい。副部長よりも参加してるやん。副部長は工学部やから，週一しかこれへん。」といわれた。一応ほめことばとして受け取っている。

　宝ヶ池や西院で練習して，学生たちと晩御飯を時々食べた。宝ヶ池にあるジョリーパスタで食事をした時のことである。私は鮭イクラパスタを注文した。ウエイトレスさんがパスタを運んできてくれて，どう見てもイクラがない。私が，「鮭イクラなのに，イクラが入っていないやん。おかしない」と学生にいうと，「イクラ風味とちゃいますか」と学生は言う。どう考えてもおかしいと思った私は，ウエイトレスさんを呼んだ。「このパスタ，鮭イクラパスタですか」というと，慌てて，ウエイトレスさんは厨房に戻り，イクラが入ったタッパーから，どどどと大量のイクラを注ぎ込んだ。すると私の隣にいた学生は，そっと皿を前に押した。するとウエイトレスさんが同じタッパーから，どどどと大量のイクラを注ぎ込んだ。ウエイトレスさんが厨房に戻り，その学生に「君，鮭パスタやん。鮭イクラパスタとちゃうやん」というと，「そうですけど，僕は皿

を前に押しただけですよ。」と答えた。さすが京都産業大学の学生や私は思った。現在は，東北学院大学のボクシング部顧問である。しかしほとんど参加していない。申し訳なく思っている。押木由之先生の関係で顧問になったが，本当は，テニスかバドミントンが良かった。

　いい時代だった。学者の論文を商業誌がよく取り上げてくれた。雑誌税経通信が私の論文をよく取り上げてくれた。最近は，企業会計や税経通信は学者の論文を積極的に掲載してはくれなくなった。

　前任校京都産業大学は本当にありがたかった。私ごときが京都産業大学にいきなり就職はありえなかったと思う。入れて本当によかった。20年近く務めて，ようやく京都産業大学にいてもいい存在になれたと思う。京都で結婚できたら70歳まで京都産業大学にいたと思う。しかし仙台の人と結婚して，子供ができてからは，やめるという意思決定をした。

　大学院のゼミの卒業生がたくさん税理士になり，今回の還暦記念論文集の執筆者は私以外，全員が実務家である。おそらく還暦記念論文集の執筆者が全員実務家というのは日本で本書が初めてではないか。このことについては，誇らしく思っている。もっともこの本が私の代表作になりそうで，少し残念ではある。

　東北学院大学に戻り，早や10年以上になる。私が東北学院大学を卒業したと同時に開学した泉キャンパスで授業を担当することができ，感慨深かった。五橋キャンパスにも入ることができ，新時代の幕開けを感じることができた。

　しかしながら，青春時代を過ごした土樋キャンパスで過ごせることが実は本当にありがたい。当時，今の8号館は，サークルの雑居ビルで，国鉄ローカル線研究部に在籍していた私は，授業の合間によくサークルの部室を訪れ，たわいもない会話を楽しんだ。当時は8号館横の空き地でバドミントンを楽しむことができた。今はたぶん安全性を確保するためであろう。おそらく禁止されていると思う。生協の食堂にも，毎日のように通った。何も考えないでキャンパスを歩いていると，ついつい生協の食堂に足が向かうのはそのためであろう。習慣とは恐ろしいものである。

　本書の最終校正は，佐藤哲之氏はじめ，日高見税理士法人の事務職員の方々

に協力していただいた。本当に感謝している。

　東北学院大学の教職員の皆様，とりわけ，経営学部の先生方と教務課の篠崎百合氏には大変お世話になっている。また創成社の塚田尚寛氏，西田徹氏にもお礼を言わなければならない。様々な人々のおかげで本書が成立した。ここでお礼を述べておきたい。

2023 年冬

東北学院大学 6 号館 5 階研究室にて

小池和彰

《著者紹介》

第 1 章：山崎郁子　山崎郁子税理士事務所　所長

第 2 章：玉木　歩　玉木歩税理士事務所　所長

第 3 章：鳥居由葵　税理士法人プロフェッションズ　相馬事務所　社員

第 4 章：千葉裕太　千葉謹税理士事務所　副所長

第 5 章：伊藤功明　伊藤功明税理士事務所　所長

第 6 章：小池和彰　東北学院大学経営学部教授

第 7 章：古内義人　古内義人税理士事務所　所長

第 8 章：高橋克史　税理士法人　ザイム・ゼロ　横手南事務所　社員

第 9 章：齋藤　茂　庄司慈明税理士事務所　副所長

第10章：石川　望　石川望税理士事務所　所長

第11章：丹野　彰　丹野彰税理士事務所　所長

第12章：込堂敦盛　込堂敦盛税理士事務所　所長

第13章：佐藤哲之　日高見税理士法人　代表社員

論文集編集委員会　委員長　鈴木茂之　鈴木茂之税理士事務所　所長

目　次

── 第 1 章 ──

インボイス制度導入における
免税事業者に関する一考察

山崎郁子

はじめに

　令和5年10月1日から，適格請求書等保存方式，いわゆるインボイス制度が始まる。現行の仕入税額控除における消費税の転嫁や益税の問題を解消するためには，インボイス制度の導入が必要であるとかねてより指摘があった[1]。他方，インボイス制度は，その仕組みから，免税事業者[2]との取引を排除させるおそれがあること，事務負担が増大する懸念などの課題もある。特に免税事業者にとっては，インボイス制度がもたらす影響は大きい。

　本稿では，インボイス制度の導入によって，免税事業者が直面する課題を整理し，検討を行うこととする。

Ⅰ．適格請求書等保存方式（インボイス制度）の導入

1．仕入税額控除

　消費税は，商品の販売やサービスの提供に対して課税するものであり，消費者が負担し，事業者が納付する間接税である。生産・流通などの各取引段階で二重三重に税が累積しないよう「仕入税額控除」という仕組みが採られている。

仕入税額控除の仕組み

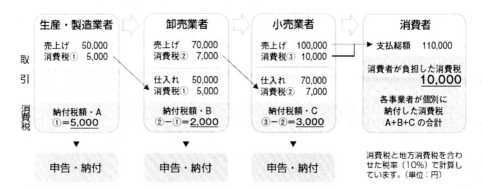

出所：国税庁リーフレット「適格請求書等保存方式の概要—インボイス制度の理解のために—」（令和4年7月）1頁。

　事業者が納付する消費税は，基本的には図のように，課税資産の譲渡等により預かった消費税額から課税仕入れ等により支払った消費税額を差し引いた額であり，支払った消費税額を差し引くことで，税の累積を排除している。ところが，課税仕入れ等の取引先が免税事業者だった場合，免税事業者である取引先が消費税を納めていないにもかかわらず，課税仕入れ等により支払った消費税額として，預かった消費税額から控除することができる。具体的には，図の卸売業者が免税事業者であった場合，卸売業者の納付税額・Bである2,000円は免税のため納付されていないが，小売業者にはそのことはわからない。小売業者は，卸売業者が売上に係る消費税額7,000円を預かって，適正に納付したという前提で，小売業者の仕入れに係る消費税額7,000円を売上に係る消費税額10,000円から差し引いて，納付税額・Cである3,000円を国に納付することになる。つまり，免税事業者が取引の中間段階に存在することで，消費者が負担した消費税額の一部が国庫に納められず，事業者の手元に残ることから，益税という問題が生じる。また，免税事業者からの仕入税額控除を認めていることについては，消費税制度を不透明なものにしていると指摘されている[3]。

2．仕入税額控除の方式の変遷

　適格請求書等保存方式（インボイス制度）は，仕入税額控除の方式の一つである。我が国における仕入税額控除の方式の変遷を確認しておく。

①　帳簿方式（平成元年から平成9年まで）

　消費税が創設され，仕入税額控除の方法として採用されたのが，帳簿方式であった。それは，一定事項を記載した帳簿又は請求書等の保存（帳簿か請求書等いずれか一方の保存）を要件とするものである。EU諸国のようにインボイス方式を採用しなかったことについて，金子宏教授は，「①わが国の事業取引においてインボイスを発行する習慣が一般的でないこと，②インボイスの発行を新たに義務づけることは事業者にとって大きな負担となること，等の理由によるものであった」とし，「産業界，特に中小企業の間で反対論がきわめて強かった」と述べられている[4]。

　帳簿方式では，帳簿に一定事項の記載があれば仕入税額控除を行うことができるため，事務負担は少ないが，益税の発生や制度の不透明性といった課題があった。

②　請求書等保存方式（平成9年から令和元年まで）

　平成6年度税制改正において，消費税率が3%から5%へ引き上げられるとともに，仕入税額控除の方式については，帳簿及び請求書等の保存（帳簿と請求書等の両方の保存）が仕入税額控除の要件となった。この請求書等保存方式について，金子宏教授は，「帳簿および請求書等の保存が義務づけられたのは，消費税制度をEU型のインボイス方式に切り換えるための準備の意味をもっていたと考えられる」と指摘する[5]。

　そして，請求書等保存方式では，仕入税額控除の計算が納税義務者において，総計して行われるため，法人税や所得税における費用や必要経費と同様に，消費税を計算することが可能である[6]。実際の消費税の計算においては割戻し計算で税額を計算でき，税額が別記されたインボイスを積上げ計算するより簡便であるし，何より，当該方式は，約20年以上行われてきたため，納税

義務者にとっては馴染み深い方式である。

　ただ，帳簿方式と同様に，免税事業者からの仕入税額控除を認めているために，帳簿方式からの課題が依然として残されていた。

③　区分記載請求書等保存方式（令和元年から令和5年まで）

　令和元年10月から軽減税率制度が導入されることに伴い，適格請求書等保存方式（インボイス制度）が導入されることとなった。そして，適格請求書等保存方式が令和5年10月に導入されるまでの間は，経過措置として，請求書等保存方式を維持しつつ，一定の記載事項に，軽減税率の対象品目である旨，税率ごとに区分して合計した税込対価の額を加えた区分記載請求書等保存方式を使用することとなった。

　やはり，請求書等保存方式を維持していることから免税事業者をめぐる課題は未解消ではあるが，複数税率の区分管理に対応するものと理解でき，適格請求書（インボイス）が導入されるまでに準備期間として，制度の円滑な導入に向けての接続の役割を果たすために採用されるものであると位置づけられる[7]。

④　適格請求書等保存方式（令和5年10月1日から）

　適格請求書等保存方式（インボイス制度）は，税務署長の登録を受けた適格請求書発行事業者が交付する適格請求書（インボイス）等の保存が仕入税額控除の要件である。適格請求書発行事業者は課税事業者でなければならないため，かねてより問題視されていた免税事業者からの仕入税額控除は認められず，益税の発生や消費税制度の不透明性といった課題は解消されると考えられる[8]。

　しかし，免税事業者が取引から排除されてしまうことや事務負担が増える等の問題が想定される。

Ⅱ．インボイス制度が免税事業者に与える影響

1．インボイス制度の概要

　今後始まるインボイス制度では，税務署長の登録を受けた課税事業者である適格請求書発行事業者でないと適格請求書（インボイス）を発行できない。そして，その適格請求書には，次の事項を記載することになる。

① 　適格請求書発行事業者の氏名又は名称及び登録番号[9]

② 　取引年月日

③ 　取引内容（軽減税率の対象品目である旨）

④ 　税率ごとに区分して合計した対価の額（税抜き又は税込み）及び適用税率

⑤ 　税率ごとに区分した消費税額等

⑥ 　書類の交付を受ける事業者の氏名又は名称

　こうした適格請求書を交付することで，交付する事業者が課税事業者であることや正確な適用税率，消費税額等を取引先に伝えることができる。そのため，インボイス制度は，事業者間で相互牽制機能が働き，消費税額の確実な転嫁や脱税の防止が期待できる[10]。そして，複数税率制度の下では，売り手と買い手の双方に適用税率の認識を一致させるために，インボイス制度は必要不可欠であると言われている[11]。

　インボイス制度において，仕入税額控除の適用を受けるためには，買い手は売り手から交付を受けた適格請求書の保存[12]が必要となる。逆に，適格請求書の交付がなければ，仕入税額控除が適用できず，課税仕入れに係る支払った消費税額を預かった消費税額から控除することはできない。買い手の消費税額の納税額は膨らみ，支払った消費税額は買い手の単なるコストとなってしまう。こうして，適格請求書を交付できない免税事業者は，取引から排除されるおそれがある。そのための経過措置として，制度開始から 3 年間（令和 5 年 10 月 1 日～令和 8 年 9 月 30 日）は仕入税額相当額の 80％，その後の 3 年間（令和 8 年 10 月 1 日～令和 11 年 10 月 1 日）は仕入税額相当額の 50％，免税事業者からの

課税仕入れについて控除可能としている。

　また，免税事業者が自ら課税事業者になることは，以前から消費税法上可能であり，一般的には多額の設備投資をしたことで消費税額の還付を受けようとする場合等がある。そうした場合には，原則，課税事業者として適用を受けようとする課税期間の前課税期間までに課税事業者選択届出書の提出が必要であった。このインボイス制度においては，免税事業者が適格請求書発行事業者になるために課税事業者になることが考えられるため，課税事業者選択届出書の提出なしに，適格請求書発行事業者の登録申請書の提出のみで，令和5年10月1日以降，課税事業者になり，適格請求書発行事業者になることができる。

2．取引排除の問題

　前述のとおり，インボイス制度が始まると，事業者は，取引先から適格請求書（インボイス）の交付を受け，それを保存しなければ仕入税額控除を受けることはできない。これは，仕入税額控除の透明性を確保し，消費者が負担した消費税を適正に納付するために必要なものである。しかし，適格請求書を発行できない免税事業者からの課税仕入れは，仕入税額控除ができないため，事業者は免税事業者との取引を排除しようとするインセンティブが働くことになる。これにより，免税事業者は，適格請求書発行事業者となって，課税事業者として新たに消費税を納めるかどうかの判断を迫られることになる。

　実際，中古自動車販売業を営む事業者は，中古自動車オークション会場運営会社から，適格請求書発行事業者でなければオークションに参加できない旨の書面を受け取っている。また，取引先が免税事業者であるかどうかをあからさまに確認することが難しいため，自身の登録番号を伝え，あなたの登録番号も教えて欲しいといった内容の書面が送られてくるケースもある。そうした書面には，適格請求書発行事業者になる予定はあるかなどの問いに答えなければならない形式のものもあり，暗に適格請求書発行事業者になることを促しているようである。

　免税事業者は，小規模のため，売上高が少なく事務負担がかかるということ

で納税義務を免除されている訳であるから，取引上のパワーバランスでは，力の弱い立場にあることが多い。適格請求書を交付できないのであれば取引をしない，あるいは消費税分を値下げすると取引先である課税事業者から言われてしまうことへの懸念がある[13]。今まで払ってこなかった消費税を負担しながら，これまで同様の利益を確保していくことは大変難しいことである。

　ただし，免税事業者がどのような事業を営んでいるかによって，状況は変わってくる。取引先が事業者であるような事業（いわゆる B to B）では，取引先はほとんど課税事業者であるから，適格請求書発行事業者にならないと取引先で仕入税額控除ができなくなってしまうため，前述のような懸念に晒される。しかし，取引先が消費者であるような事業（いわゆる B to C）では，消費者は仕入税額控除など関係ないため，インボイス制度の影響を受けずに免税事業者のままで構わないということになる。

　財務省は，免税事業者が約 500 万者あり，農業や非課税取引が主たる事業の事業者を除いた 380 万程度の免税事業者に B to B 取引の割合である約 4 割を乗じた 160 万者程度の免税事業者が課税事業者に転換すると推計している[14]。そして，消費税収が年 2,500 億円程度増え，新たに課税事業者となる一事業者当たり約 15 万円の消費税を納税することになると試算している[15]。

　基準期間の課税売上高が 1,000 万円以下であれば，免税事業者として，消費税を納める義務が免除されると法律上定められているにもかかわらず，インボイス制度によって免税事業者の約 4 割が課税事業者になるかどうか判断を迫られている。確かに，これまでの消費税法の課題を解決するために，むしろ積極的に課税事業者となるのは好ましいとの評価もある[16]。しかしながら，消費税法で認められた同じ免税事業者が事業環境を起因として，一部は消費税の納税を選択せざるを得ず，一部は何の影響も受けないというのは，公平性の観点から問題である。

3．事務負担増大の懸念

　インボイス制度の導入に際して，免税事業者の取引排除の問題に加え，事業者の事務負担が増えるのではないかと懸念されている。一般的に，インボイス

制度は帳簿方式と比べて，請求書等の発行や保存，税額計算において事務負担がかかると言われている。

ただ，請求書等の発行や保存については，日本では，請求書等の交付が取引慣行としてあること，今までの仕入税額控除の要件として帳簿及び請求書等への記載や保存が行われてきたことにより，それほど事務負担が増えるとは考えにくい。インボイス制度では，今までの請求書にインボイスの登録番号，税率ごとに区分した消費税額等，適用税率を追加することで，適格請求書（インボイス）が出来上がる。軽減税率の導入とともに令和元年から適用された区分記載請求書等保存方式に追加することはあるが，ごくわずかである。そもそも同方式がインボイス制度導入のための準備期間と位置づけられていたからである。

税額計算については，税額が別記された適格請求書の消費税額を積上げて計算するような積上げ計算だけでなく，今まで同様に割戻し計算も認められているため，この点に関しても，事務負担の心配はそれほどないと考える。区分記載請求書等保存方式と同様に，一定の事項を帳簿に記載し，それに基づいて今までと同じ方法で計算すればよいのであるが，相手が免税事業者であるかどうかが，税額計算の前段階に必要になってくる。そして，経過措置として，仕入税額を全額ではなく80％にすることを一取引ずつ計算していくことになる。これについては，事務負担が増えることになるが，パソコンや会計ソフトなどの利用により，一時期の事務負担はあっても，インボイス制度を否定するほどの問題ではないと考えられるのである。

免税事業者に限ってみれば，パソコンや会計ソフトを使えない，税理士等の専門家にも依頼していないという事業者も多い。そのような小規模の事業者であっても，法人税もしくは所得税の確定申告は義務であり，そのために日頃から請求書や領収書などの資料を保存し，帳簿を作成している。適格請求書発行事業者となり，消費税の申告が必要となった場合には，その帳簿や資料から税額計算を行うことができる。税額計算の事務負担については，簡易課税制度や小規模事業者に対する負担軽減措置が用意されている。新たな事務負担を感じるとしても，法人税や所得税の確定申告に補足的な負担であると考えられる。

それよりも，免税事業者にとっては，適格請求書発行事業者となることで新た
に負担する消費税の納税額の方が，頭の痛いところであろう。本来，事業者は
自身の仕入れに係る消費税額を差し引いて，最終消費者が負担した消費税を納
付するというだけで，損得のある話ではない。これは，消費税を売上げ価格に
転嫁できて初めて成り立つものである。免税事業者が，消費税を売上げ価格に
確実に転嫁できるように社会全体へ注意を促すことも大切である。

Ⅲ．免税事業者をめぐる課題の検討

1．事業者免税点制度

　免税事業者の取引排除の問題について，前述したように，免税事業者の約 4
割ともいわれる，いわゆる B to B 取引が主体の免税事業者が，インボイス制
度という仕組みの中で，課税事業者を選択しなければならなくなるが，6 割ほ
どの B to C 取引が主体の免税事業者は何ら影響を受けないのは公平ではない。
まるで，免税事業者自身が望んで課税事業者に手を挙げたかのように見える制
度であるが，インボイス制度の仕組みがそうさせているのであって，進んで新
たな消費税負担を背負おうとしているのではない。B to C 取引が主体となる 6
割ほどの免税事業者は優遇されていると捉えることもできる。インボイス制度
は維持するものの，むしろ一律に，事業者免税点をもう少し低い水準にすべき
ではないかと考える。

　消費税創設の当初の免税点は，基準期間における課税売上高が 3,000 万円以
下であった。平成 14 年 6 月税制調査会により，「現行の高い免税点水準の下で
は，事業者間取引を行う免税事業者が多数存在することを踏まえ，免税事業者
からの仕入税額控除が認められている。その結果，消費税制度の透明性が低く
なっているという問題については，後述するインボイス制度の検討に先立ち，
事業者免税点の水準を大幅に縮減することで対応が可能である。」との提言が
なされた [17]。平成 15 年度改正により，免税点は，基準期間における課税売上
高が 1,000 万円以下に引き下げられた。その前後にも，免税事業者の範囲を狭
めるような改正が度々行われてきた [18]。

　事業者免税点制度は，一般的に，中小事業者の納税事務負担等への配慮から設けられている。近年，事務負担については，前述したように，パソコンや会計ソフト，電子申告などIT技術の普及により，以前より負担の度合いは解消されてきている。法人税もしくは所得税の確定申告が出来ていれば，その追加的な作業で申告できると考える。そして，後述するが，簡易課税制度の選択やインボイス制度に関する中小事業者に対する負担軽減措置も用意されている。そのため，中小事業者の納税事務負担等への配慮という事業者免税点制度の趣旨は薄れてきているといえるのではないか。

　インボイス制度導入の趣旨に照らせば，消費税制度の透明性を確保し，益税の問題を解決するために，免税事業者を設けることは望ましくないだろう。最低限の免税点は必要であるかもしれないが，取引の環境要因で免税事業者から課税事業者を切り取るのではなく，事業者免税点制度を利用して免税点を引き下げ，事業者に広く消費税の申告納税を求めるものになるとよいのではないだろうか。

　免税事業者と課税事業者の線引きは，金額基準だけではなく，法人か個人かということで検討することもできるだろう。法人は，法人税に係る税理士等が関与している場合が多いため，すべての法人を免税事業者から除外し，事業者免税点制度を不適用にするという考え方もある[19]。

　こうした金額基準や形式基準の方が，公平性は保たれ，税制が課税事業者である適格請求書登録事業者になるかどうかの（ある意味で負の）判断を事業者に委ねたり，迷わせたりすることがなく，非常に健全だと考える。

2．小規模事業者に対する負担軽減措置

　令和5年度税制改正では，インボイス制度について，小規模事業者に対する負担軽減措置の観点から，重要な改正がいくつか行われた。そのうち，免税事業者に関わる以下の負担軽減措置についてまとめる。

①　小規模事業者は納税額が売上税額の2割を上限（いわゆる2割特例）

　インボイス制度を機に免税事業者が適格請求書発行事業者となった場合に

は，令和 5 年 10 月 1 日から令和 8 年 9 月 30 日までの日の属する各課税期間において，消費税の納税額を売上げに係る消費税額の 2 割とすることができる。事前の届出は必要なく，確定申告書に付記すればよいだけで，2 年間の継続適用などの縛りはない。そして，申告のたびに，原則課税もしくは 2 割特例，または簡易課税もしくは 2 割特例を選択適用することが可能である。

　簡易課税は売上と業種から仕入を計算していくものであり，仕入税額控除に必要な請求書等の保存をしなくてもいい。2 割特例は，その簡易課税より簡単で，業種に関わらず，売上・収入を把握するだけで消費税の申告が可能であるため，事務負担も大幅に軽減されることとなる。

②　売上 1 億円以下の事業者は 1 万円未満のインボイスの保存不要（いわゆる少額特例）

　基準期間における課税売上高が 1 億円以下または特定期間における課税売上高が 5,000 万円以下の事業者は，一取引単位の税込金額が 1 万円未満の課税仕入れについて，インボイスを保存することなく帳簿のみの保存で仕入税額控除ができる。この少額特例は，令和 5 年 10 月 1 日から令和 11 年 9 月 30 日までの間に行う課税仕入れについて適用するという経過措置である。

　上記の他にも，令和 5 年 10 月 1 日から登録を受けるために，令和 5 年 3 月 31 日までに登録申請書を税務署長に提出する必要があったが，令和 5 年 9 月 30 日までに提出すれば登録できるように改正された。インボイス制度の登録手続きを柔軟にしたり，上記①や②のように事務負担を軽減できるようにしたりと，インボイス制度を推し進めようとしている。

　特に，2 割特例は免税事業者が新たにインボイスの登録事業者になる場合に歓迎すべき経過措置である。しかし，Ⅱ − 1 インボイス制度の概要で述べたような免税事業者からの課税仕入れを 3 年間に限って 80%（その後の 3 年間では 50%）の控除を認めるとする経過措置は，免税事業者が新たにインボイスの登録事業者になるという納税負担軽減の 2 割特例の経過措置の流れとは逆の流れを生じさせるかもしれない。3 年間は取引先の課税事業者も 20% の損で済むと

の考えで，当面インボイスの登録については免税事業者も課税事業者も無関心でいられるのではないだろうか。小規模事業者の事務面と納税面の負担を軽減させて，インボイス制度を導入しようとしているが，その流れは多少ゆるやかになる可能性はある[20]。

おわりに

　平成元年の消費税の創設時に帳簿方式で始まった仕入税額控除は，事業者の事務負担への配慮から，免税事業者からの仕入れも控除の対象とした。それは，益税の発生や制度の不透明性という問題を生じさせたため，消費税の創設当初から，インボイス制度の導入について議論がなされてきた。インボイス制度の導入に当たっては，免税事業者に与える影響が大きい。特に取引排除の問題については，同じ免税事業者でも取引の環境に起因して，課税事業者になる選択を迫られる事業者と影響を受けない事業者がいることは，公平性の観点から問題である。益税の発生や制度の不透明性の問題解消のため，インボイス制度は必要であるが，免税事業者が不公平な立場に追い込まれることのないようインボイス制度が円滑に導入されることを期待したい。

【注】

1）金子　宏「消費税制度の基本的問題点」『租税法理論の形成と解明　下巻』（有斐閣・2010 年）392 頁。

2）消費税の納税義務が免除される事業者であり，基準期間における課税売上高が 1,000 万円以下である事業者，基準期間がない資本金 1,000 万円未満の事業者などのことをいう。

3）前掲注 1，389 頁。

4）同上，389 頁。

5）金子　宏『租税法〔第 24 版〕』（弘文堂・2021 年）838 頁。

6）山田敏也「適格請求書等保存方式（いわゆるインボイス方式）の導入後における仕入税額控除方式」税務論叢第 98 号 29 頁，2019 年 6 月。

7）同上，31 頁。

8）インボイス制度導入について一部課題が解消されるのであって，事業者免税点制度や簡

易課税制度を原因とする益税などの課題については議論が必要である。

9）登録番号は，適格請求書発行事業者の登録申請手続を行い，税務署長の登録を受けた事業者に与えられる番号のこと。また，国税庁適格請求書発行事業者公表サイトでは，登録番号を入力すると，事業者の氏名又は名称その他公表事項が確認できる。

10）佐藤　良「インボイス方式導入をめぐる経緯と課題」調査と情報─ISSUE BRIEF─949号3頁，2017年3月。

11）前掲注6，26頁。

12）買い手が作成した仕入明細書等の保存でも可能である。また，3万円未満の公共交通料金や古物営業者が適格請求書発行事業者でない消費者などから買い受ける販売用の古物など適格請求書が不要なケースもある。そして，基準期間における課税売上高が1億円以下などの事業者は，一取引単位の税込金額が1万円未満の課税仕入れについて，適格請求書の保存義務が免除される。

13）こうした取引排除の問題について，財務省，公正取引委員会，経済産業省，中小企業庁などが，「免税事業者及びその取引先のインボイス制度への対応に関するQ&A」を公表し，優越的地位の濫用等について注意を促している。

14）第198回国会　財務金融委員会議録第3号（平成31年2月26日）32頁。

15）同上，32頁。

16）森信茂樹『抜本的税制改革と消費税─経済成長を支える税制へ─』（大蔵財務協会，2007年）182頁。

17）税制調査会平成14年6月14日「あるべき税制の構築に向けた基本方針」13頁。

18）平成6年度改正の新設法人の納税義務の免除の特例，平成23年度改正の前年等の課税売上高による納税義務の免除の特例，平成25年改正の特定新規設立法人の納税義務の免除の特例がある。

19）山田晃央「消費税の事業者免税点制度の在り方についての一考察」税務論叢第88号71頁，2017年6月。法人を免税事業者から除外する考え方だけではなく，青色申告者を免税事業者から除外する考え方も提示している。

20）日本経済新聞（2023年6月27日付）によると，令和5年5月末時点で，課税事業者は8割がインボイスの発行事業者として登録を完了しているが，免税事業者として登録を済ませたのは1割とのことである。

—— 第2章 ——

重加算税の賦課要件に関する一考察

玉木　歩

はじめに

　わが国は，第二次世界大戦終戦後（昭和20年）からサンフランシスコ平和条約締結（昭和27年）までの約7年間，マッカーサー元帥を司令官とする連合国軍総司令部（GHQ）の占領下にあった[1]。その間，昭和22年の税制改正によって税額確定方式が，これまで戦前に採用されていた賦課課税制度から申告納税制度への大転換が行われた[2]。

　その後，昭和24年5月にシャウプ博士率いる使節団が来日し，同年8月にGHQに対して「日本の租税に関する報告書（Report on Japanese Taxation）」が提出された[3]。

　同報告書では公平な税制の確立により，日本に民主主義を根付かせることを理想に掲げ，日本の税制の複雑さ，運用上の不公平，地方自治体の財政の脆弱性，税務行政の不備などの問題点を克服するための処方箋を勧告した[4]（以下，「シャウプ勧告」という。）。

　昭和25年の税制改正ではシャウプ勧告が全面的に採用され，より現状に即した調整が加えられ，今日におけるわが国の税制を支える基盤が確立された。同改正によって創設された重加算税制度は，納税者が適正な申告納税を行わなかった場合に通常の加算税に代えて加重した加算税を賦課することにより納税者に対して負のインセンティブを与え，適正な申告納税制度を担保する役割を担っている。例えば無申告加算税に代えて重加算税が賦課される場合には

40% もの税率が納税者に課され，非常に重い税負担となる。

　重加算税制度は創設以来現在まで，複数回の改正が行われ国税通則法に規定されるに至っているが，現行法令に規定される「隠蔽し，又は仮装し，その隠蔽し，又は仮装したところに基づき」という文言は抽象的であって確固たる基準がなく，意義やその具体的態様については課税庁の内部指針に示すに留まっている。

　ところで，わが国の最高法規である日本国憲法第 30 条および第 84 条によって規定されている租税法律主義に基づけば課税要件や賦課徴収の手続などは明確であって一義的に定めなければならない。しかしながら，前述したとおり重加算税制度の法令は，抽象的な表現であり，明確であって一義的であるとはいえない。

　賦課決定されれば納税者にとって大きな負担となる重加算税の賦課要件が，明確でなく，かつ一義的でない現在の法令には疑問を持たざるを得ない。さらに賦課要件が明確でなく一義的でないことに起因し，納税者と課税庁との間では争いが絶えない。

　このように重加算税制度は，シャウプ勧告によって創設され現在は国税通則法に規定されているが，その法令内容は明確でなく，かつ一義的でないため，本論文では重加算税の創設からその要件，現行法令の確認，過去の判例等において争われた隠蔽仮装行為についての確認を行い，最後に重加算税の賦課要件に対する筆者の考えを述べるものとする。

Ⅰ．租税法律主義の要請

　わが国では，日本国憲法第 30 条によって国民の納税義務を定めており，憲法 84 条によって課税は法に基づくことを定めている。憲法 30 条[5] は「国民の納税義務」の観点から，憲法 84 条[6] は「財政権力行使」の観点から，租税法律主義を規定している[7]。

　租税法律主義が規定されるに至った経緯については，近代以前の国家において封建領主や絶対君主からの戦費調達や個人的欲望の満足のために恣意的な課

税が繰り返されてきた[8]。このことについて，金子宏教授は次のように述べている。「近代以前の国家においては，国民の自由と財産を保護し，国民の経済生活に法的安定性と予測可能性を与えるため，公権力の行使は法律の根拠に基づかなければならない，という政治原理が主張され，それが徐々に憲法原理として定着するに至ったのである[9]。」

このような定着経緯から租税法律主義の機能は，租税は国民の大きな負担となり納税義務を考慮することなしにいかなる重要な意思決定をもなしえず，多くの経済取引における考慮すべき最も重要なファクターであるため，国民の経済生活に「法的安定性」と「予測可能性」を与えることであるとされている[10]。

これらの租税法律主義の機能を保証しうるために，租税法律主義が要請する事項はいくつかあげられる[11]が，ここでは重加算税の賦課要件に特に関連性がみられる「課税要件法定主義」および「課税要件明確主義」の内容を確認する。

まず，課税要件法定主義は，課税の作用は国民の財産権の侵害であるから，課税要件（それが充足されることによって納税義務が成立するための要件）のすべてと租税の賦課・徴収の手続は国民代表議会の定める法律によって規定されなければならないことを意味している[12]。

次に，課税要件明確主義は，法律またはその委任のもとに政令や省令において課税要件および租税の賦課・徴収の手続に関する定めをなす場合に，その定めはなるべく一義的で明確でなければならないことを意味している[13]。

このように租税法律主義に基づくと，課税要件や賦課徴収の手続[14]は法令で定め，その内容は明確であって，一義的でなければならないと解される。

Ⅱ．課税庁の内部指針

前節において述べたとおり，租税法律主義に基づくと課税要件や賦課徴収の手続は法令で定め，その内容は明確であって一義的でなければならない。

しかしながら，社会に存在する数多の経済取引において全て法令で一義的に明確に定め，それのみをもって法令解釈を行うことには現実的に無理がある。

そのため課税実務においては，課税庁の内部指針を参考にして様々な税務判断を行っているのが実情である。

　課税庁の内部指針には「通達」や「事務運営指針」などがあり，上級行政庁（国税庁長官）が法令の解釈や行政の運営方針について下級行政庁（各国税局長など）に対してなす命令ないし指令であって，国民に対して拘束力をもつ法規ではないとされている[15]。

　この点について，小池和彰教授は「税務通達は，法源には該当しないと，言葉の上ではもちろん否定することができよう。しかし税務通達は，納税者に対して，法的安定性と予測可能性を究極的には提供するのに役立っており，租税法律主義に抵触するどころか，実質的には，法律と同様の機能を有するものになっていることは否定できない[16]。」と，租税法律主義の立場から内部指針である通達の存在意義を述べている[17]。

　さらに，法源ではない通達の機能について金子宏教授は「日々の租税行政は通達に依拠して行われており，納税者の側で争わない限り，租税法の解釈・適用に関する大多数の問題は，通達に即して解決されることになるから，現実には，通達は法源と同様の機能を果たしている，といっても過言ではない[18]。」と，通達が実際に課税根拠として機能している旨を述べている。

　一方，山本守之教授は「わが国の場合，ともすれば，課税要件が通達又は官庁内の情報等によって示されていることが少なくないので，納税者の課税予測可能性を奪っている。これは，租税法律主義に反するものであり，税務行政に対する納税者の信頼を失っているように思われてならない[19]。」と，法令解釈等を課税庁の内部指針に示すに留まっている状態は納税者の予測可能性を奪っており，租税法律主義に反しているとする。

　課税庁の内部指針は行政庁内部で完結するため，国会を通して審議された後に立法される税法よりも迅速に規定される。つまり，内部指針は税法に比べて，時々刻々と変化する市場経済環境に対応し易い性質を有しているといえるであろう。

　この点からいっても市場環境にいち早く対応する課税庁の内部指針は租税法解釈にあたっての一つの判断基準としても有用であるといえる。

　このように課税庁の内部指針は，国民に対して拘束力をもつものではないが，租税法の難解さを背景に，国民の重要な意思決定の一つのファクターである租税に関して，課税実務上有益であることは疑いようがない。

　しかしながら，簡便的かつ簡易的にその内容変更の手続きが可能である内部指針は，国会の審議を通して立法される法令と比較すると経済環境に対応し易い性質をもつものの，課税庁内部で提案から決定までが行われることを考慮すると，課税庁の恣意性の介入の余地がないとはいえない。

　したがって，内部指針の有益性は認めるものの，山本守之教授が指摘するように，国民の財産権の侵害たる租税法の賦課徴収は，国会を通して審議された後に規定される法令によってされるべきであると筆者は考える。そのため，明確かつ一義的でない法令に関して法令解釈等が課税庁の内部指針に示されているに留まっている場合には，租税法律主義に反し国民の法的安定性及び予測可能性は確保されていないといえよう。

Ⅲ．重加算税の沿革

　戦後（昭和22年）に，所得税，法人税や相続税等の直接税において「申告納税制度」が採用され，これに伴い加算税制度の前身である「追徴税制度」が導入された[20]。

　追徴税制度は，申告納税制度の担保的機能を果たす目的で，正当な申告等をしなかった者に対する行政罰としての役割を担っていた[21]。

　戦前の申告納税制度を導入する前には，賦課課税制度を採用していたので加算税制度はなく，課税庁が租税について決定・徴収していたため，①期限内に納付されない（滞納）ことに対して延滞金を課す制度，②税金をごまかす（脱税）ことに対して刑罰を科す制度の2つの制度があるのみであった[22]。

　戦後に申告納税制度が導入されたが，納税者が提出した税務申告書の大半が更正決定され，申告納税制度は機能していない状態が続いていた[23]。このような状態の中で，昭和24年5月にシャウプ博士率いる使節団が来日し，日本の税務行政についての問題点等[24]を克服するために勧告を行った[25]。

シャウプ勧告では，日本の租税制度について多くの問題提起がなされたが，追徴税制度に関しては刑事罰と行政罰の二つの視点から次のように述べられており，重加算税制度を採用し，刑事罰とは別にして重加算税を税の一部として徴収すべきであるとしている[26]。

「現在，納税申告書が提出されなくとも，罰則を受けることはないようである。法律は，故意に申告の提出を怠った場合，それが刑事犯であることを明記するよう改正されなければならない。それに加えて，民事罰も規定すべきである－中略－かゝる民事罰は，事実上税の一部となるから，徴収と同様な方法で取り立てるべきである[27]。」

さらに，「現在詐欺事件に適用される唯一の罰則は，その適用に起訴を必要とする刑罰である。詐欺行為は処罰されないで黙認するわけには行かない。各事件ごとに刑罰を課する必要から免れるため民事詐欺罰則を採用することを勧告する。このような罰則では，納税額の一部分たりとも欠けていた場合それが脱税を意図して詐欺によったときはその不足分を支払う上に，不足分の60%を支払わなければならない。この罰金はそれが事実上税の一部となるから税と同様な方法で徴収すべきである[28]。」と，詐欺（隠蔽仮装行為）においても民事詐欺罰則が必要であると述べている。

このシャウプ勧告に基づいて昭和25年の税制改正において「追徴税制度」が廃止され「重加算税制度」が創設された[29]。

その後，昭和28年には「重加算税額」についての算定基準の改正が行われた。改正前では，重加算税額の課税要件である「隠蔽又は仮装の行為」に基づいた場合，それに係る税額のみではなく，すべての不足税額について重加算税が課されていたのであるが，これに対しては，不合理であるとの批判があり，隠蔽又は仮装された事実に基づく税額のみに重加算税額を課すこととなった[30]。

そして昭和37年の国税通則法の制定に際し，個別税法に定められていた重加算税制度が整備統合されて現在に至っている[31]。

以上のように重加算税制度は，戦後に税額確定方式が，戦前に採用されていた賦課課税制度から申告納税制度[32]への転換が行われたことを背景に，納税者が申告納税を行う過程で隠蔽仮装行為（詐欺）という不正手段を行った場合

に課す行政罰である。その目的は，不正手段を用いた場合には特別に重い負担を課すことによって申告納税制度の基盤が失われるのを防止することであると解される[33]。

Ⅳ．重加算税と刑罰

　本節では，行政罰として重加算税が賦課されるとともに，刑罰も科される問題に関して，その内容の確認を行う。

　国税通則法を根拠として重加算税が賦課された行為について，各税法によって刑罰も科すということがしばしば行われる。この二重処罰について憲法第39条[34]に違憲ではないか疑問が生じる。この点について昭和36年の税制調査会において，国税通則法の制定に関する答申がなされ，次のように重加算税の性質について述べられ，二重処罰の疑いについて否定している。

　「重加算税の性質について，それが税として課されるところから形式的には申告秩序維持のためのいわゆる行政罰であるといえようが，その課税要件や負担の重さからみて，実質的には刑罰的色彩が強く，罰則との関係上二重処罰の疑いがあるのではないかという意見がある。－中略－詐偽行為があった場合にその全部について刑事訴追をすることが実際問題として困難であり，また必ずしも適当でないところから，課されるものであることは否定できない。しかし，そのことから同一事件に対し懲役又は罰金のような刑事罰とを併科することを許されない趣旨であるということはできないであろう。むしろ，重加算税は，このような場合において，納税義務の違反者に対してこれを課すことにより納税義務違反の発生を防止し，もって納税の実をあげようとする行政上の措置にとどまると考えるべきであろう。したがって，重加算税は，制裁的意義を有することは否定できないが，そもそも納税義務違反者の行為を犯罪とし，その不正行為の反社会性ないしは反道徳性に着目して，これに対する制裁として科される刑事罰とは，明白に区別すべきであると考えられる。このように考えれば，重加算税額を課すとともに刑事罰に処しても，二重処罰と観念すべきではないと考えられる[35]。」

　また，過去の判例においても重加算税のほかに刑罰を科すことは二重処罰に
あたらず憲法第 39 条に違憲とはいえないと判示している。

1．最高裁昭和 33 年 4 月 30 日判決[36]

　「法人税法（昭和 22 年法律 28 号・昭和 25 年 3 月 31 日法律 72 号による改正前のも
の。以下単に法という）43 条の追徴税は，申告納税の実を挙げるために，本来
の租税に附加して租税の形式により賦課せられるものであつて，これを課する
ことが申告納税を怠つたものに対し制裁的意義を有することは否定し得ないと
ころであるが，詐欺その他不正の行為により法人税を免れた場合に，その違反
行為者および法人に科せられる同法 48 条 1 項および 51 条の罰金とは，その性
質を異にするものと解すべきである。すなわち，法 48 条 1 項の逋脱犯に対す
る刑罰が「詐欺その他不正の行為により云々」の文字からも窺われるように，
脱税者の不正行為の反社会性ないし反道徳性に着目し，これに対する制裁とし
て科せられるものであるに反し，法 43 条の追徴税は，単に過少申告・不申告
による納税義務違反の事実があれば，同条所定已むを得ない事由のない限り，
その違反の法人に対し課せられるものであり，これによつて，過少申告・不申
告による納税義務違反の発生を防止し，以つて納税の実を挙げんとする趣旨に
出でた行政上の措置であると解すべきである。」

2．最高裁昭和 45 年 9 月 11 日判決[37]

　「国税通則法 68 条に規定する重加算税は，同法 65 条ないし 67 条に規定する
各種の加算税を課すべき納税義務違反が課税要件事実を隠ぺいし，または仮装
する方法によつて行なわれた場合に，行政機関の行政手続により違反者に課せ
られるもので，これによつてかかる方法による納税義務違反の発生を防止し，
もつて徴税の実を挙げようとする趣旨に出た行政上の措置であり，違反者の不
正行為の反社会性ないし反道徳性に着目してこれに対する制裁として科せられ
る刑罰とは趣旨，性質を異にするものと解すべきであつて，それゆえ，同一の
租税逋脱行為について重加算税のほかに刑罰を科しても憲法 39 条に違反する
ものでない。」

　行政罰と刑罰の相互の関係性について，北野弘久教授は「大量に発生している過少申告等に対していちいち刑事処罰をもってのぞむのは実際的ではない。そこで考えられるのは，立法論として，刑事制裁の対象とするのは，あくまで高度な違法性を有し，自由刑でもって対処するのがふさわしいものに限定し，それ以外の軽微なものは刑事処罰から除外すべきである。そして，それらに対しては，たとえば一率に 5% 程度の行政上の制裁金を課すことが考慮されるべきであろう。結局，上述の二元的な制裁方法が妥当ということになる[38]。」と，すべての過少申告等の行為に関して刑罰を科すのは現実的ではないため，基本的には行政罰を課し，その中でも違法性が高い行為に関しては刑罰を科すべきとしている。

　また，佐藤英明教授は，重加算税の性質について，刑罰と比較して次のように述べている。「重加算税はこのような納税義務違反について負のインセンティブを与える経済的な負担であり，かつ，脱税犯に対する刑事処罰がその行為の反社会性・反道徳性に対する倫理的非難を含むものに対し，倫理的には無色の，そのような非難の意味合いを含まない不利益である[39]。」

　以上のことから，重加算税の賦課決定及び刑罰処罰については，重加算税の性質や最高裁で過去に示されている判例等から二重処罰には該当せず，憲法第39条に違憲しないと解される。

V．重加算税の賦課要件

1．重加算税の根拠規定

　国税通則法第 68 条第 1 項においては過少申告加算税[40]，同条第 2 項においては無申告加算税[41]，同条第 3 項においては不納付加算税[42]に代えて，重加算税を課すると規定されている。これらの条文には「事実の全部又は一部を隠蔽し，又は仮装し，その隠蔽し，又は仮装したところに基づき」と共通の文言が規定されている。つまり，申告納税を行い税額が過少となった場合において隠蔽仮装行為があれば無申告加算税等に代えて重加算税が課されるが，その意義や具体的態様について現行法令は極めて抽象的な規定に止まってい

るのである[43]。

　現行法令における過少申告加算税，無申告加算税および不納付加算税が付加される場合の重加算税の割合を表にまとめると以下のとおりである。

名　　称	要　　件	割　合
重加算税	過少申告加算税に代えて課す場合	35%
	無申告加算税に代えて課す場合	40%
	不納付加算税に代えて課す場合	35%

　重加算税の賦課要件については，「隠蔽仮装行為」があったか否かの認定が最も重要な問題となるため，次項において隠蔽仮装行為の意義や具体的態様について確認を行う。

2．隠蔽仮装行為

　課税庁は，税目ごとに重加算税の取扱いに関する事務運営指針[44]を示しており，国税通則法 68 条に規定する「事実の全部又は一部を隠蔽し，又は仮装し」についての具体的態様を例示している。

　簡略的にまとめると以下の図のとおりである。

　なお，申告所得税及び復興特別所得税（以下，「所得税等」という。）法人税及び連結法人税（以下，「法人税等」という。）については，相手方との通謀による虚偽等[45]に該当せず以下のような会計処理が行われている場合には，帳簿書類の隠匿，虚偽記載等に該当しないと示している[46]。

　出所：黒坂昭一ほか『令和4年版 図解 国税通則法』（大蔵財務協会・2022年）
　　　　334 頁参考。

（1）所得税等

① 収入金額を過少に計上している場合において，当該過少に計上した部分
の収入金額を，翌年分に繰り越して計上していること。

② 売上げに計上すべき収入金額を，仮受金，前受金等で経理している場合
において，当該収入金額を翌年分の収入金額に計上していること。

③ 翌年分以後の必要経費に算入すべき費用を当年分の必要経費として経理
している場合において，当該費用が翌年分以後の必要経費に算入されて
いないこと。

（2）法人税等

① 売上げ等の収入の計上を繰り延べている場合において，その売上げ等の
収入が翌事業年度の収益に計上されていることが確認されたとき。

② 経費の繰上計上をしている場合において，その経費がその翌事業年度に
支出されたことが確認されたとき。

③ 棚卸資産の評価換えにより過小評価をしている場合。

④ 確定した決算の基礎となった帳簿に，交際費等又は寄附金のように損金
算入について制限のある費用を単に他の費用科目に計上している場合。

　収益計上時期については，税務の取扱いとして検収基準，出荷基準など多く
の基準があることから，当期の収益に計上されるべき場合でも翌期の収益とし
て経理されているときは，一般的に隠蔽仮装行為には当たらず，経費の計上時
期においても同様と考えられる[47]。

　このように，重加算税の賦課要件について，課税庁の内部指針である事務運
営指針において，隠蔽仮装行為に該当する場合，帳簿書類の隠匿，虚偽記載等
に該当する場合および隠蔽仮装行為に該当しない会計処理の具体的態様が例示
されている。

　また隠蔽仮装行為の意義について，品川芳宣教授は納税義務違反の発生防止
の観点から次のように述べている。「重加算税の性質が，悪質な過少申告・不
申告による納税義務違反の発生を防止し，もって納税の実を挙げんとする行政

上の制裁措置であることに鑑み，究極的には，租税徴収権の侵害行為を意味する何らかの不正手段であることといい得よう[48]。」

　さらに金子宏教授は「その語義からして故意を含む観念であると解すべきであり，事実の隠蔽とは，売上除外，証拠書類の廃棄等，課税要件に該当する事実の全部または一部をかくすことをいい，事実の仮装とは，架空仕入・架空契約書の作成・他人名義の利用等，存在しない課税要件事実が存在するように見せかけることをいう。隠蔽と仮装とは同時に行われることが多い（たとえば，二重帳簿の作成のように，存在する事実をかくし，存在しない事実があるように見せかけること）[49]。」と，隠蔽仮装行為は故意を含み，隠蔽と仮装は同時に行われることが多いと述べている。

　以上のように，重加算税制度の賦課要件の最重要論点である隠蔽仮装行為の意義や具体的態様については課税庁の内部指針に示すに留まっている。しかし，本来的にいえば重加算税の意義や具体的態様などは，事務運営指針という課税庁の内部指針としてではなく，国会において審議された後に立法される法令において明確かつ一義的に規定すべきであろう。

Ⅵ．判例，裁判例および裁決例の検討

　本節では，重加算税の賦課要件である「隠蔽仮装行為」について，過去に判決等が下された事例を「隠蔽仮装行為に当たるとされた事例」と「隠蔽仮装行為に当たらないとされた事例」に分け，隠蔽仮装行為の内容の検討を行う。

1．隠蔽仮装行為に当たるとされた事例
（1）最高裁平成6年11月22日判決[50]
①　事例概要
　納税者が，正確な所得金額を把握し得る会計帳簿を作成していながら，極めてわずかな所得金額のみを作為的に記載した申告書の提出を行った行為，いわゆる「つまみ申告」は，隠蔽仮装行為に該当するか否かが争われた事例である。

② 判示一部抜粋

　原審の確定した前記事実関係によれば，納税者は，会計帳簿類や取引記録等により自らの事業規模を正確に把握していたものと認められるにもかかわらず，確定申告において，3年間にわたり最終申告に係る総所得金額の約3ないし4パーセントにすぎない額（差額で約8億円ないし16億円少ない額）のみを申告したばかりでなく，その後2回ないし3回にわたる修正申告を経た後に初めて飛躍的に多額の最終申告をするに至つているのである。しかも，確定申告後の税務調査に際して，真実よりも少ない店舗数や過少の利息収入金額を記載した本件資料を税務署の担当職員に提出しているが，それによつて昭和55年分の総所得金額を計算すると，最終修正申告に係る総所得金額の約17パーセントの額（差額で約14億円少ない額）しか算出されない結果となり，本件資料の内容は虚偽のものであるといわざるを得ない。その後右職員の慫慂に応じて修正申告をしたけれども，その申告においても，右職員から修正を求められた範囲を超えることなく，最終修正申告に係る総所得金額の約7ないし13パーセントにとどまる金額（差額で約7億7600万円ないし15億2000万円少ない額）のみを申告しているにすぎない。（筆者，下線）。

　納税者は，正確な所得金額を把握し得る会計帳簿類を作成していながら，3年間にわたり極めてわずかな所得金額のみを作為的に記載した申告書を提出し続け，しかも，その後の税務調査に際しても過少の店舗数等を記載した内容虚偽の資料を提出するなどの対応をして，真実の所得金額を隠ぺいする態度，行動をできる限り貫こうとしているのであつて，申告当初から，真実の所得金額を隠ぺいする意図を有していたことはもちろん，税務調査があれば，更に隠ぺいのための具体的工作を行うことをも予定していたことも明らかといわざるを得ない。（筆者，下線）

　以上のような事情からすると，納税者は，単に真実の所得金額よりも少ない所得金額を記載した確定申告書であることを認識しながらこれを提出したというにとどまらず，本件各確定申告の時点において，白色申告のため当時帳簿の備付け等につきこれを義務付ける税法上の規定がなく，真実の所得の調査解明に困難が伴う状況を利用し，真実の所得金額を隠ぺいしようという確定的な意

図の下に，必要に応じ事後的にも隠ぺいのための具体的工作を行うことも予定
しつつ，前記会計帳簿類から明らかに算出し得る所得金額の大部分を脱漏し，
所得金額を殊更過少に記載した内容虚偽の確定申告書を提出したことが明らか
である。(筆者，下線)

③　判決要旨

　最高裁は，納税者が会計帳簿類や取引記録等により自らの事業規模を正確に
把握していながら一部分のみを抽出し申告を行った行為，いわゆる「つまみ申
告」は，つまみ出した部分以外の所得の隠蔽に基づく過少申告であって，そこ
には明らかな隠蔽する意図があると認められるとし，隠蔽仮装行為に当たり重
加算税の賦課要件を満たすと判示した。

(2) 最高裁平成 7 年 4 月 28 日判決[51]
①　事例概要

　納税者が，顧問税理士から株式の取引による所得について，課税要件を満た
していれば申告が必要であると何度も念を押され，資料の提出を求められてい
たにもかかわらず，当該取引に関する資料を顧問税理士に全く示していなかっ
た。この行為が隠蔽仮装行為に該当するか否かが争われた事例である。

②　判示一部抜粋

　過少申告をした納税者が，その国税の課税標準等又は税額等の計算の基礎と
なるべき事実の全部又は一部を隠ぺいし，又は仮装し，その隠ぺいし，又は仮
装したところに基づき納税申告書を提出していたときは，その納税者に対して
重加算税を課することとされている (国税通則法 68 条 1 項)。

　この重加算税の制度は，納税者が過少申告をするについて隠ぺい，仮装とい
う不正手段を用いていた場合に，過少申告加算税よりも重い行政上の制裁を科
することによつて，悪質な納税義務違反の発生を防止し，もつて申告納税制度
による適正な徴税の実現を確保しようとするものである。

　したがつて，重加算税を課するためには，納税者のした過少申告行為そのも

のが隠ぺい，仮装に当たるというだけでは足りず，過少申告行為そのものとは別に，隠ぺい，仮装と評価すべき行為が存在し，これに合わせた過少申告がされたことを要するものである。しかし，右の重加算税制度の趣旨にかんがみれば，架空名義の利用や資料の隠匿等の積極的な行為が存在したことまで必要であると解するのは相当でなく，納税者が，当初から所得を過少に申告することを意図し，その意図を外部からもうかがい得る特段の行動をした上，その意図に基づく過少申告をしたような場合には，重加算税の右賦課要件が満たされるものと解すべきである。(筆者，下線)

これを本件について見ると，納税者は，昭和60年から62年までの3箇年にわたつて，所轄税務署長に所得税の確定申告をするに当たり，株式等の売買による前記多額の雑所得を申告すべきことを熟知しながら，あえて申告書にこれを全く記載しなかつたのみならず，右各年分の確定申告書の作成を顧問税理士に依頼した際に，同税理士から，その都度，同売買による所得の有無について質問を受け，資料の提出も求められたにもかかわらず，確定的な脱税の意思に基づいて，右所得のあることを同税理士に対して秘匿し，何らの資料も提供することなく，同税理士に過少な申告を記載した確定申告書を作成させ，これを課税庁に提出したというのである。(筆者，下線)

納税者は，当初から所得を過少に申告することを意図した上，その意図を外部からもうかがい得る特段の行動をしたものであるから，その意図に基づいて上告人のした本件の過少申告行為は，国税通則法68条1項所定の重加算税の賦課要件を満たすものというべきである。

③　判決要旨

最高裁は，顧問税理士から株式売買の申告の必要性を伝えられ，所得の有無の質問を受けていたにもかかわらず，意図的にその所得を秘匿し（脱税の意図）税理士に過少な確定申告書を作成させていた行為は，隠蔽仮装行為に当たり重加算税の賦課要件を満たすと判示した。

（3）審判所令和2年2月19日裁決[52]

①　事例概要

　納税者が，確定申告書に誤りがあったのは勘違いや集計誤りを原因とするものであって，故意に多額の所得を脱漏したのではないとして，その所得脱漏が，隠蔽仮装行為に該当するか否かが争われた事例である。

②　審判所判断一部抜粋

　請求人は，本件事業において，①本件日計票，本件売上伝票，本件月謝出納帳及び本件月謝整理表の作成・保存，②「○○」に係るデータの作成・送信，③未集金の本件月謝に係る管理・集金，④人件費の管理，給与支払明細書の作成及び人件費の支払，⑤本件外注費及び園庭等の使用料の支払，⑥本件口座1及び本件口座2に係る入出金の管理及びその通帳の記帳をそれぞれ自ら行うなどしていたのであるから，それによって，<u>本件事業に係る総収入金額，必要経費及び事業所得の金額並びにその計算の基礎となる会員数を正確に把握していたと認められる。</u>（筆者，下線）

　それにもかかわらず，請求人は，本件各年分において，本件月謝等について真実の金額の24.3%から48.0%に相当する金額に減額して，本件事業に係る総収入金額をいずれも1,000万円を下回る金額とし，本件事業に係る所得金額を真実の金額の2.8%から16.9%に相当する金額とする本件所得税等各確定申告をした。

　以上によれば，請求人は，本件各年分の本件事業に係る総収入金額，必要経費及び事業所得の金額等を正確に把握していたにもかかわらず，7年間もの長期間にわたって，各年分の総収入金額を1,000万円以下に調整したところで，極めて過少な所得金額を記載した確定申告書を継続的に提出し続けたものといえる。

　また，請求人が，真実の所得の調査解明に困難を伴う状況を作出し，<u>真実の所得金額を隠蔽しようという確定的な意図の下に，本件調査に際しても，虚偽の帳簿書類を複数回作成するといった隠蔽のための具体的な工作を行い，真実の所得金額を隠蔽する態度，行動をできる限り貫こうとしたと評価せざるを得</u>

ないものである。(筆者,下線)

　以上のような請求人の一連の行為によれば,請求人が,当初から所得を過少に申告することを意図し,その意図を外部からもうかがい得る特段の行動をした上,その意図に基づく過少申告をしたような場合に該当するというべきであるから,本件各年分の所得税等について,通則法第68条第1項に規定する重加算税の賦課要件を満たすということができる

③ 裁決要旨

　審判所は,様々な取引記録書類が作成されているため,総収入金額や必要経費の金額を正確に把握できる状態であって,また税務調査において虚偽の帳簿書類を作成し複数回作成し調査官に提示したこと等を理由に,隠蔽仮装行為の故意が客観的に明らかであるから,重加算税の賦課要件を満たすと判断した。

2.隠蔽仮装行為に当たらないとされた事例
(1)大阪高裁平成3年4月24日判決[53)]
① 事例概要

　申告手続の委任を受けた代理人が仮装行為により納税額を零とする申告をする一方,納税者に対しては納税額が発生しているとして,納税額を納税者から受領したことについて,納税者が隠蔽仮装行為を行ったとされるかが争われた事例である。

② 判示一部抜粋

　法68条1項に定める重加算税の課税要件である「隠ぺい・仮装」とは,租税を脱税する目的をもつて,故意に納税義務の発生原因である計算の基礎となる事実を隠匿し,又は,作為的に虚偽の事実を付加して,調査を妨げるなど納税義務の全部または一部を免れる行為をいい,このような見地からは,重加算税の実質は,行政秩序罰であり,その性質上,形式犯ではあるが,不正行為者を制裁するため,著しく重い税率を定めた立法趣旨及び「隠ぺい・仮装」といつた文理に照らし,納税者が,故意に脱税のための積極的行為をすることが必

要であると解するのが相当である。(筆者，下線)

　そして，隠ぺい，又は仮装行為が，申告者本人ないし申告法人の代表者が知らない間に，その家族，従業員等によつて行われた場合であつても，特段の事情のないかぎり，原則として，右重加算税を課することができるものと解すべきである。

　本件においては，前記認定にかかる事実関係によれば，納税者は，本件土地の売買にあたつて初めて知つた代理人から，所轄税務署には知り合いも多く，多少の便宜ならはかつてもらえるので，本件土地の譲渡所得を含む昭和59年分の申告納税の手続を自分に任せたらどうかと持ちかけられて，代理人が前記認定のような架空の経費を計上して脱税を計り，さらに，自分から，税金名下に1,800万円を詐取しようと企図しているとは全く思いもしないで，代理人に本件土地の譲渡所得税の申告手続を依頼したところ，同人は，前記のとおり，納税者の本件土地の譲渡所得は，1億1,153万円であるとし，これに対する「永代管理小作料」として，1億495万3,500円を全国同和対策促進協議会に支払つた旨の架空の経費を含む必要経費の額を1億1,053万円と計上し，納税者の譲渡所得を零円として，所轄税務署長に申告をしておきながら，納税者に対しては，本件土地の譲渡所得による所得税は，1,800万円であるとして，その支払いを要求したので，納税者は，右譲渡所得による所得税は1,800万円であると考え，右所得税として支払うものとして，代理人に1,800万円を交付したものというべきである。(筆者，下線)

　なお，課税庁は，(1)納税者は，その所得を隠ぺい，又は仮装をするについて，当初から，未必的な認識があつたものであるとか，(2)納税者は，代理人の不正な申告を奇貨として，税額を少なくするために，敢えてこれを放置し，右不正な申告を自己の申告として，維持しようとしたのであるから，納税者の行為は，単なる不作為に止まるものではなく，むしろ，当初から不正を容認して申告を行つたと同視し得るものと解すべきであると主張するが，前記に認定の事実からすれば，納税者は，代理人に対し，前記1,800万円を支払つた際，及び，その後も，本件の過少申告について，国税局査察官の取り調べを受けるまで，代理人が前記のような不正な申告をしたことを知らなかつたものという

べきであるから，課税庁の右主張は採用できない。(筆者，下線)

③　判決要旨

　大阪高裁は，代理人が行った架空の経費計上による脱税行為は，納税者本人の故意による積極的な隠蔽仮装行為が行われていると評価できない（両者に隠蔽仮装のための意思の連絡がなかった）ため，納税者の仮装隠蔽行為に当たらず，重加算税の賦課要件は満たされないと判示した。

（2）広島高裁岡山支部平成22年10月28日判決[54]

①　事例概要

　納税者（税理士）が各年分の所得税の確定申告に当たり，決算料を全て収入から除外していたが，この収入除外行為が隠蔽仮装行為に該当するかが争われた事例である。

②　判示一部抜粋

　納税者及びB社は，B社の業務に係る計算料のほか，納税者の税理士業務に係る決算料を収受しており，決算料の大部分は，計算料とともにB社の預金口座に入金されていた。B社の確定申告については，決算料を抽出して決算料メモを作成した上，決算料を除外して申告していたが，納税者は，決算料メモの存在自体は認識しつつその内容は知らず，これを一切参照することなく個人の確定申告を行っていた。

　<u>本件の過少申告等は，正確な申告をしようという意識に欠ける納税者が，多忙さと体調不良にまぎれ，必要な帳簿類を確認することなく，ずさんな態度で自らの所得税の確定申告をし続けたものに過ぎないとみる余地が多分にある。</u>また，納税者は，B社の確定申告事務に当たる従業員らと協議すれば，正しい認識に至り得たと考えられるが，多忙な時期にあって，そのような点検や協議を行わなかった結果，多額の申告漏れに至った可能性もある。なお，<u>多額の申告漏れについて，その率も年々異なっており，規則性，計画性は窺えない。</u>(筆者，下線)

　そうすると，多額の申告漏れが続いたことを含めて考えても，納税者におい
て，自己個人に帰属する収入がより多いことを認識していながら，あえてこれ
を申告しなかったとまで認めることはできず，<u>まして自己の個人収入の詳細を
認識した上，作為的に一定の収入を除外して申告をしたものとまでは認められ
ない</u>。（筆者，下線）

　課税庁は，種々の根拠を挙げて，納税者が申告をしていない決算料収入の中
に，納税者がこれを認識しつつ除外したものがあると主張する。しかし，仮に
課税庁主張の事実が認められるとしても，上記認識を持つことや実際の収入を
記録する行為は所得を過少申告する意図を外部からうかがい得る特段の行為と
はいえず，それだけでは，課税標準等又は税額等の計算の基礎となるべき事実
の全部又は一部を隠ぺい又は仮装し，隠ぺい又は仮装したところに基づき納税
申告書を提出したとはいえないから，重加算税の賦課要件は満たされないとい
うべきである。

③　判決要旨

　広島高裁は，納税者が過少申告に至った背景として，多忙と体調不良にまぎ
れ帳簿書類の確認を怠り，収入の全てを認識した上で作為的に決算料を除外し
たとはいえないと判断し，収入除外が隠蔽仮装行為には当たらないとして重加
算税の賦課要件は満たされないと判示した。

（3）審判所令和元年 6 月 24 日裁決[55]

①　事例概要

　売上金額の一部とそれに対応する必要経費の金額を含めなかったほか，適当
な金額を記載した収支内訳書を作成したことについて，隠蔽仮装行為に該当す
るかが争われた事例である。

②　審判所判断一部抜粋

　請求人は，本件従業員分の売上げやその費用の額が本件事業に係る事業所得
の金額の計算上売上金額又は必要経費の金額に算入されるべきことを認識しつ

つ，これらをあえてその集計計算から除くなどして本件各年分の売上金額及び必要経費の金額を算出し，その算出したところに基づいて本件各収支内訳書を作成の上，これに基づく本件各所得税等申告書を提出することで過少申告行為に及んだものと認められる。

しかしその一方で，本件全証拠等によっても，上記の各過少申告に至る過程で，請求人が架空名義の請求書を作成し，架空名義の本件各支払明細書を作成させ，あるいは，他人名義の預金口座に売上代金を入金させたというような事実は認められず，本件各支払明細書や領収証等の取引に関する書類を改ざんし，あるいは本件売上メモを作成し，又はこれらの書類を意図的に破棄・隠匿したなどの事実も認められない。（筆者，下線）

そして，－中略－請求人が本件各支払明細書や本件各預金通帳の全てを保存し，本件調査の際には，当初から売上金額の過少計上の事実を認めつつ，これらの書類を本件調査担当職員に提示していたという事情に鑑みると，当該行為をもって真実の所得解明に困難が伴う状況を作出するための隠蔽又は仮装の行為と評価することは困難である。（筆者，下線）

これらのことからすると，上記の各過少申告に至る過程で，請求人に隠蔽又は仮装と評価すべき行為があったということはできない。

③　裁決要旨

審判所は，納税者に当初から過少申告の意図があったと認められるものの，領収書等の証憑書類の改ざんや破棄等の行為を行っておらず，調査の際には所得解明に困難を伴う状況を作出しているとは言えず，隠蔽仮装行為に当たらず重加算税の賦課要件は満たされないと判断した。

まとめ

1．隠蔽仮装行為に当たるとされた事例

No	判例，裁判例又は裁決例	仮装隠蔽行為否認・背景事情
（1）	最高裁 平成 6 年 11 月 22 日判決	会計帳簿類や取引記録等によって自らの事業規模を正確に把握していたにもかかわらず一部分のみをつまみ出して申告を行った。
（2）	最高裁 平成 7 年 4 月 28 日判決	所得の有無の質問に対する虚偽の答弁，所得関係資料の不提出を意図的に行い，所得を秘匿した。
（3）	審判所 令和 2 年 2 月 19 日裁決	真実の所得金額を隠蔽しようという確定的な意図の下，虚偽の帳簿書類を複数回作成し，具体的な工作を行った。

2．隠蔽仮装行為に当たらないとされた事例

No	判例，裁判例又は裁決例	仮装隠蔽行為否認・背景事情
（1）	大阪高裁 平成 3 年 4 月 24 日判決	代理人が行った架空経費の計上について，納税者は国税局査察官の取り調べを受けるまで知らなかった。
（2）	広島高裁岡山支部 平成 22 年 10 月 28 日判決	多忙と体調不良にまぎれて帳簿書類の確認を怠ったため，収入の詳細を把握した上で作為的に収入を除外していない。
（3）	審判所 令和元年 6 月 24 日裁決	架空名義の書類の作成や他人名義の通帳への入金等の事実はなく，売上メモや領収証等の改ざん，破棄や隠匿も認められない。

　他にも重加算税の賦課要件で争われた事例が多数ある[56]が，隠蔽仮装行為には一つとして全く同じ行為が存在しない，つまり隠蔽仮装行為（又は隠蔽仮装行為に疑われる行為，類する行為）に至った経緯，背景事情および具体的態様が一様ではない。

　これらの事例の主な争点は，その行為が隠蔽仮装行為に該当するか否か，つまりその行為者が「故意に」隠蔽し又は仮装したかの背景事情や処理経緯などの事実の認定である。

　しかしながら，前述したとおり隠蔽仮装行為の認定について，一つとして全く同じ事例が存在しないため，それぞれの事案毎に個別具体的に判断される。その重要な判断基準は，行為者の意図や故意といった客観的に証明することが困難な心理状況であると考えられる。

むすび

　ここまで，日本国憲法に規定される租税法律主義の要請，現行の重加算税制度の創設から現在の法令，課税庁の内部指針や納税者と課税庁が争った事例などを確認してきた。

　繰り返しになるが，重加算税制度の現行法令は曖昧であって，その意義や具体的態様については課税庁の内部指針に示すに留まっている。

　課税庁が内部指針に基づく重加算税の賦課決定を行った場合，納税者は当然に重加算税の賦課決定を免れたいため，納税者と課税庁の間では重加算税の賦課決定をめぐる争いが生じる。これらの判決事例等をすべて確認することは量的に困難であったため，本論文では一部の事例を抽出してその内容の確認を行った。

　その中で特に重要な共通論点は，税額を減少させた行為が意図的又は故意的であるかどうかである。すなわち，納税者が申告納税を行い，税額が過少となった場合において，その過程，処理経緯，背景事情などを総合的に勘案し，その行為が課税標準等又は税額等の計算の基礎となるべき事実の全部又は一部を隠蔽又は仮装したと認められる場合には重加算税の賦課要件を満たすが，単なる計算誤り，処理漏れなどによった場合には隠蔽仮装行為ではなく，単純な誤謬であって重加算税の賦課要件を満たさないということである。

　単純な誤謬か，それとも意図的又は故意的な隠蔽仮装か，これらを客観的に証明することは困難である。しかし，隠蔽仮装行為の認定においては納税者の

意図的又は故意的といった心理状況の具現化が最も重要な論点であると考えられる。

　ところで，税務調査においては国税職員が納税者や関係者から様々な内容を聴取し，その内容を書面に記載し，証拠物件として作成する質問応答記録書[57]というものが存在する。質問応答記録書は，聴取した記載内容について誤りがない旨を，国税職員が回答者に確認を経た上で，その確認作業の証として，同記録書に回答者による署名や押印を受けて作成されるため実質的証拠能力は高く，税務訴訟に至った場合には有効な証拠として機能する[58]。

　先に述べたとおり，隠蔽仮装行為の認定は客観的に証明が困難な納税者の心理状況に左右される場合が多い。意図的又は故意的に隠蔽仮装行為を行ったとする重要な証拠物件として質問応答記録書が作成されると仮定すれば，同記録書において故意性が客観的に証明された場合には隠蔽仮装行為に該当し重加算税が賦課され，同記録書から同行為が推認できない場合には重加算税は賦課されないと考えられる。

　質問応答記録書が作成される税務調査においては，日々税務行政に携わっている国税職員と，一生で数回程度の調査しか受けない納税者では，税法に関する知識の差は歴然であって，納税者の中には内部指針等を知らない者もいるかもしれない。このような両者で行われる税務調査で，税務訴訟に発展するようなケースにおいて，課税庁に不利で納税者に有利な質問応答記録書が作成されるとは考えにくい。

　仮に質問応答記録書の記載内容が決定的な証拠物件となり重加算税の賦課要件を満たすとなってしまうケースにおいて，例えば税務調査における質問応答記録書の作成過程で誤った事実が記載されてしまった同記録書について，不知である納税者が，記載内容は事実と異なると異を唱えないまま国税職員が記載したとおりに記録が行われ，それが根拠となって重加算税の賦課要件が満たされることになってしまえばそれは由々しき事態である。

　このように重加算税の賦課に関して，特に隠蔽仮装行為について，その態様は各事例によって異なり，それぞれ個別具体的に隠蔽仮装が行われたか否かの判断をしなければならない。

　いずれにしても重加算税の賦課徴収は納税者にとって相当大きな不利益であるため，課税庁の内部指針において重加算税の賦課要件の意義や具体的態様が部分的に示されているとしても，租税法律主義が要請する法的安定性及び予測可能性を担保するためには，重加算税の具体的な賦課要件に関する基準や類型などを法令において明確かつ一義的に定めるべきである。

　現在もIT技術は日進月歩の勢いで変化しており，最近でいえばChatGPTなる人口知能が出現し，ChatGPTを導入すれば事務作業等を中心として労働生産性は100倍増加するともいわれている。これらのIT技術が課税実務に及ぼす影響は筆者も想像できない。

　時々刻々と変わる経済環境下においては，隠蔽仮装行為の態様も目まぐるしく変化し，重加算税の賦課をめぐる争いは国税不服審判所HPに随時掲載され，様々な事例が更新されていくであろう。今後もこれらの裁決事例等を確認し，重加算税の賦課要件について検討を続けていく必要がある。

　一つとして全く同じ経済取引又は事実関係が存在しない隠蔽仮装行為の具体的態様を法令で一律的に規定することは課税庁の実務の負担が大きいため，課税庁の内部指針である事務運営指針に重加算税の意義や具体的態様が示されるに留まっている現在の状態を筆者も理解できないわけではない。

　しかしながら，わが国の最高法規である日本国憲法に規定する租税法律主義によって要請されている法的安定性と予測可能性を確実に担保するためには，国会で審議された後に立法される法令によって，重加算税の賦課要件を明確かつ一義的に定めなければならないと筆者は考える。

【注】

1）『シャウプ勧告70周年記念出版』（エヌピー通信社・2019年）380頁。

2）同上，同頁。

3）同上，同頁。

4）同上，同頁。

5）日本国憲法第30条　国民は，法律の定めるところにより，納税の義務を負ふ。

6）日本国憲法第84条　あらたに租税を課し，又は現行の租税を変更するには，法律又は

法律の定める条件によることを必要とする。

7）北野弘久『現代税法講義 [改訂版]』（法律文化社・1991 年）13 頁。

8）金子　宏『租税法 第 24 版』（弘文堂・2023 年）78 頁。

9）同上，同頁。

10）同上，79 頁。

11）「課税要件法定主義」，「課税要件明確主義」，「合法性原則」および「手続的保障原則」
　　があげられる。同上，80 頁。

12）同上，80-81 頁。

13）同上，84 頁。

14）清永敬次教授は，租税法律主義について租税に関する具体的な事項を例示し次のように
　　述べている。「租税法律主義は，要するに，原則として，租税に関する重要な事項につい
　　ては，すべて法律でこれを定めなければならないとするものである。租税に関する重要な
　　事項としては，納税義務者，課税物件，課税標準，税率などの課税要件のみならず，租税
　　の申告，納付，課税処分，滞納処分の手続などが含まれる。」清永敬次『税法（第 7 版）』
　　（ミネルヴァ書房・2007 年）29 頁。

15）金子・前掲注 8，115-116 頁。

16）小池和彰「税務通達の実質的効力」税務弘報第 64 巻 6 号，2016 年 6 月，118 頁。

17）小池和彰教授は仕入税額控除に関する通達を示し，通達の有用性について次のように述
　　べている。「この仕入税額控除に関する通達は，厳格な法律の規定を納税者の利益になる
　　よう緩和した内容であり，納税者の予測可能性を確保する点でも，納税者の権利を保護す
　　るものとなっている。この通達は，納税者を拘束するというよりは，納税者有利に作用す
　　るもので，通達をかざして，税を徴収するという一般的な通達のイメージからかけ離れた
　　ものである。」小池和彰『財政支出削減の理論と財源確保の手段に関する諸問題』（税務経
　　理協会・2020 年）193 頁。

18）金子・前掲注 8，116 頁。

19）山本守之『租税法要論 [3 訂版]』（税務経理協会・1998 年）163 頁。

20）八ツ尾順一『第 7 版 事例からみる重加算税の研究』（清文社・2022 年）11 頁。

21）山本守之『検証・税法上の不確定概念』（中央経済社・2000 年）256 頁。

22）八ツ尾・前掲注 20，11 頁。

23）前掲注 1，380 頁。

24）基本方針は，①公平な租税制度の確立，②租税行政の改善，③地方財政の強化，の 3 点
　　に要約することができる。金子・前掲注 8，58 頁。

25）前掲注 1，380 頁。

26）八ツ尾・前掲注 20，12 頁。

27）前掲注1，260頁。

28）同上，261頁。

29）日本税理士会連合会「重加算税の問題点について」（https://www.nichizeiren.or.jp/wp-content/uploads/doc/nichizeiren/business/taxcouncil/toushin_H11.pdf）1頁。

30）八ッ尾・前掲注20，13頁。

31）前掲注29，1頁。

32）申告納税制度について北野弘久教授はその原理を次のように述べている。「申告納税制度を憲法理論の視覚から考えてみると，申告納税制度は憲法の国民主権原理を税法の上で具体化する1つの方法であり，主権者である国民が自己の税金を計算し，申告し，納税することを通じて政治に参加するという理念をもちうる制度である。」北野・前掲注7，7頁。

33）金子・前掲注8，913頁。

34）日本国憲法第39条　何人も，実行の時に適法であつた行為又は既に無罪とされた行為については，刑事上の責任を問はれない。又，同一の犯罪について，重ねて刑事上の責任を問はれない。

35）税制調査会「国税通則法の制定に関する答申（税制調査会第二次答申）及びその説明」（https://www.soken.or.jp/sozei/wp-content/uploads/2019/08/s_s3607_kokuzeitusokuho.pdf）102頁。

36）最高裁判所大法廷昭和29年（オ）第236号法人税額更正決定取消等請求上告事件（TAINSコード Z026-0602）。

37）最高裁判所第二小法廷昭和43年（あ）第712号所得税法違反被告事件（TAINSコード Z999-9102）。

38）北野・前掲注7，333-334頁。

39）佐藤英明『脱税と制裁［増強版］』（弘文堂・2018年）372頁。

40）国税通則法第68条第1項　第65条第1項（過少申告加算税）の規定に該当する場合（修正申告書の提出が，その申告に係る国税についての調査があつたことにより当該国税について更正があるべきことを予知してされたものでない場合を除く。）において，納税者がその国税の課税標準等又は税額等の計算の基礎となるべき事実の全部又は一部を隠蔽し，又は仮装し，その隠蔽し，又は仮装したところに基づき納税申告書を提出していたときは，当該納税者に対し，政令で定めるところにより，過少申告加算税の額の計算の基礎となるべき税額（その税額の計算の基礎となるべき事実で隠蔽し，又は仮装されていないものに基づくことが明らかであるものがあるときは，当該隠蔽し，又は仮装されていない事実に基づく税額として政令で定めるところにより計算した金額を控除した税額）に係る過少申告加算税に代え，当該基礎となるべき税額に100分の35の割合を乗じて計算した

金額に相当する重加算税を課する。（筆者，下線）

41）国税通則法第 68 条第 2 項　第 66 条第 1 項（無申告加算税）の規定に該当する場合（同項ただし書若しくは同条第七項の規定の適用がある場合又は納税申告書の提出が，その申告に係る国税についての調査があつたことにより当該国税について更正又は決定があるべきことを予知してされたものでない場合を除く。）において，納税者がその国税の課税標準等又は税額等の計算の基礎となるべき事実の全部又は一部を隠蔽し，又は仮装し，その隠蔽し，又は仮装したところに基づき法定申告期限までに納税申告書を提出せず，又は法定申告期限後に納税申告書を提出していたときは，当該納税者に対し，政令で定めるところにより，無申告加算税の額の計算の基礎となるべき税額（その税額の計算の基礎となるべき事実で隠蔽し，又は仮装されていないものに基づくことが明らかであるものがあるときは，当該隠蔽し，又は仮装されていない事実に基づく税額として政令で定めるところにより計算した金額を控除した税額）に係る無申告加算税に代え，当該基礎となるべき税額に 100 分の 40 の割合を乗じて計算した金額に相当する重加算税を課する。（筆者，下線）

42）国税通則法第 68 条第 3 項　前条第 1 項の規定に該当する場合（同項ただし書又は同条第二項若しくは第三項の規定の適用がある場合を除く。）において，納税者が事実の全部又は一部を隠蔽し，又は仮装し，その隠蔽し，又は仮装したところに基づきその国税をその法定納期限までに納付しなかつたときは，税務署長又は税関長は，当該納税者から，不納付加算税の額の計算の基礎となるべき税額（その税額の計算の基礎となるべき事実で隠蔽し，又は仮装されていないものに基づくことが明らかであるものがあるときは，当該隠蔽し，又は仮装されていない事実に基づく税額として政令で定めるところにより計算した金額を控除した税額）に係る不納付加算税に代え，当該基礎となるべき税額に 100 分の 35 の割合を乗じて計算した金額に相当する重加算税を徴収する。（筆者，下線）

43）前掲注 29，1 頁。

44）各税目（申告所得税及び復興特別所得税，源泉所得税，相続税及び贈与税，法人税，連結法人税）ごとの重加算税の取扱いについては，国税庁 HP でいつでも閲覧することができる。国税庁 HP「事務運営指針」（https://www.nta.go.jp/law/jimu-unei/jimu.htm）

45）その他の前提として，架空の契約書等の作成等又は帳簿書類の破棄，隠匿，改ざん，偽造，変造等によるもの等でないときが挙げられている。同上。

46）同上。

47）前掲注 29，2 頁。

48）品川芳宣『附帯税の事例研究 第 4 版』（財経詳報社・2012 年）302 頁。

49）金子・前掲注 8，914 頁。

50）最高裁平成 5 年（行ツ）第 133 号所得税重加算税賦課決定処分取消請求上告事件（TAINS コード Z206-7415）。

51）最高裁判所（第二小法廷）平成6年（行ツ）第215号所得税重加算税賦課決定処分取消請求上告事件（TAINSコードZ209-7518）。

52）国税不服審判所HP「令和2年2月19日裁決」（https://www.kfs.go.jp/service/JP/118/01/index.html）。

53）大阪高裁平成元年（行コ）第33号重加算税賦課決定処分取消請求控訴事件（TAINSコードZ183-6701）。

54）広島高等裁判所岡山支部平成21年（行コ）第13号所得税重加算税賦課決定処分等取消請求控訴事件（TAINSコードZ260-11542）。

55）国税不服審判所HP「令和元年6月24日裁決」（https://www.kfs.go.jp/service/JP/115/05/index.html）。

56）本論文執筆時点において，例えば国税不服審判所HPでは隠蔽仮装行為に当たるとされた事例が59件，隠蔽仮装行為に当たらないとされた事例が73件公表されている。（https://www.kfs.go.jp/service/MP/01/index.html）。

57）吉田正毅『税務調査対応の「事実認定」入門』（ぎょうせい・2022年）151頁。

58）同上，151-152頁。

———— 第 3 章 ————

役員報酬に関する
不相当に高額の判断基準について

鳥居由葵

はじめに

　法人税法34条2項は「内国法人がその役員に対して支給する給与（前項又は次項の規定の適用があるものを除く。）の額のうち不相当に高額な部分の金額として政令で定める金額は，その内国法人の各事業年度の所得の金額の計算上，損金の額に算入しない。」と規定している。ここに規定する「不相当に高額」の判断基準については，過去，多くの判例において争点になり，判断基準が判示されてきた。この法人税法34条2項の「不相当に高額」の判断基準について，近年の判例を中心に考察する。

Ⅰ．役員給与制度の概要

　法人税法34条1項は，「内国法人がその役員に対して支給する給与（退職給与で業績連動給与に該当しないもの，使用人としての職務を有する役員に対して支給する当該職務に対するもの及び第三項の規定の適用があるものを除く。以下この項において同じ。）のうち次に掲げる給与のいずれにも該当しないものの額は，その内国法人の各事業年度の所得の金額の計算上，損金の額に算入しない。」と規定している。役員給与のうち，いわゆる定期同額給与，事前確定届出給与，利益連動給与の3類型の形式に該当しない金額については，原則損金の額に算入しないとされている。

　また，法人税法34条2項では，「内国法人がその役員に対して支給する給与（前項又は次項の規定の適用があるものを除く。）の額のうち不相当に高額な部分の金額として政令で定める金額は，その内国法人の各事業年度の所得の金額の計算上，損金の額に算入しない。」と規定しており，上述法人税法34条1項に加えて，「不相当に高額」な部分について損金の額に算入しないことを規定している。1項の形式基準に加えて，2項において実質基準を適用することにより，恣意性を排除する構造となっている。

　この34条2項の立法趣旨については，金子宏教授により以下のような説明がなされている。「役員給与は，役務の対価として企業会計上は損金に算入されるべきものであるが，上述のⅢ種の給与以外の役員に対する給与が利益処分として損金に算入されないこともあって法人は，実質は利益処分にあたるものを給与の名目で役員に給付する傾向がある（最判昭和57年7月8日月報29巻1号164頁参照。）このような「隠れた利益処分」に対処するため，この規定が設けられているのである[1]。」

　「不相当に高額」については，法人税法施行令70条1項イに「内国法人が各事業年度においてその役員に対して支給した給与（法第三十四条第二項に規定する給与のうち，退職給与以外のものをいう。以下この号において同じ。）の額（第三号に掲げる金額に相当する金額を除く。）が，当該役員の職務の内容，その内国法人の収益及びその使用人に対する給与の支給の状況，その内国法人と同種の事業を営む法人でその事業規模が類似するものの役員に対する給与の支給の状況等に照らし，当該役員の職務に対する対価として相当であると認められる金額を超える場合におけるその超える部分の金額（その役員の数が二以上である場合には，これらの役員に係る当該超える部分の金額の合計額）」と記載されている。すなわち，①役員の職務の内容②内国法人の収益及びその使用人に対する給与の支給の状況③その内国法人と同種の事業を営む法人でその事業規模が類似するものの役員に対する給与の支給の状況等に照らし，相当な金額を判断するという記載になっている。これは，①から③の一定の判断基準を示してはいるものの，「等」の文言が用いられていることからも，解釈に一定の幅があり，いわゆる不確定概念に該当する文言であると認識できる[2]。課税実務において，こ

の不確定概念をいかに解釈して，相当な金額を算定するかは大きい問題である。

Ⅱ．役員報酬に関する不相当に高額な金額に関する判例

まず過去の判例においてどのように解釈されてきたのかを考察する。

法人税法　役員給与の実質基準適用判例一覧[3]

裁判例	判事事項	事件の争点と結果	類似法人との比較
東京地裁昭和46年2月10日判決東京高裁昭和46年9月16日判決税務訴訟資料62号156頁，63号569頁	旧法人税法施行規則10条の3 1項の規定の効力，同規定が租税法律主義に反するものか否か，代表取締役甲の報酬の適正額	過大な役員報酬の額を規定した旧法人税法施行規則10条の3 1項は租税法律主義に反しない旨を判示。原告会社の収益状況，従業員に対する給与の支給状況，純利益・配当の状況等を考慮し，不相当に高額である旨を判示。原告の請求を棄却した。同旨による控訴棄却。	単に抽象的に本件報酬の額が過大と認定。具体的な数値の比較が無いことから，説得力を欠くものである。
昭和48年10月8日裁決（『役員報酬の税務事例研究』（財経詳報社・2001年）128頁。）	類似法人の抽出基準，甲及び乙の役員報酬の適正額	類似法人は，取引条件・営業に係る市場・商慣行等の経済的・社会的事情が共通する地域に所在する法人のうちから選定することが望ましい旨を判示。役員報酬の適正額については，類似法人一社と比準し，請求会社役員の状況を勘案した上で相当額を算出。	比較対象法人を9社ないし20社粗選定した上で，いずれもA社とB社という1社の比準法人における報酬の支給額を基準にして報酬適正額を認定。比準法人を1社に絞った珍しい事例。

岡山地方裁判所昭和44年（行ウ）第二六号課税処分取り消し請求事件判決（昭和53年4月6日言渡）文献番号21061600	役員報酬の適正額	原告の役員の地位を考慮に入れても，同人の報酬額は他の役員の5倍以上となっているばかりか，同人一人の報酬額は原告の総従業員の給与合計にも匹敵するものであり，更に他の同種企業との比較においても，その報酬が過大であることは明らかである旨を判示。	類似法人との単純比較。
岐阜地裁昭和56年7月1日判決税務訴訟資料120号1頁	役員報酬の適正額を判定する場合に類似法人の支給状況と比較することの適否，類似法人の選択における類似性の程度，役員報酬支給額の適正額	旧法人税法施行令69条1号の規定から，類似法人の支給状況との比較の必要性は明らかであり，不可欠である旨を判示。類似法人の類似程度は客観的に相当である額を算定する資料であり，推計課税と同様の厳格性を要求する必然性はない。売上伸び率に比し役員報酬の伸び率が異常，類似法人の平均支給額に比し著しく高額であるとし，原告の請求を棄却した。	原告役員の貢献度は係数評価できないほど高いものであり，類似法人の報酬支給状況等との比較による単純な相当性の判断を強く否定。
名古屋地裁平成8年3月27日判決税務訴訟資料215号1131頁	役員報酬が過大であるか，甲の役員報酬の適正額	本件報酬の増加率2.7倍（対前年度比）は売上高の増加率をはるかに上回るものである。類似法人との比較により本件報酬が著しく高額であることは明らかである旨を判示し，原告の請求棄却。	類似法人の算定に当たっては類似性の厳格性は必要ないとしているが，どの程度の類似性が必要であるかが不明。

名古屋地裁平成6年6月15日判決名古屋高裁平成7年3月30日判決最高裁平成9年3月25日第三小法廷判決　税務訴訟資料201号485頁，208号1081頁，222号1226頁	法人税法34条及び同施行令の各規定が租税法律主義における課税要件法定主義に違反するか，甲及び乙に対する役員報酬の適正額	法人税法34条及び同施行規則は，不確定概念であるものの憲法84条の課税要件明確主義に反するものではない。役員報酬の適正額については，売上金額の増加率を基本とし，これに売上総利益の増加率を加味し，類似法人の平均支給額を斟酌するのが相当である旨を判示し，原告の請求棄却。同旨により控訴棄却，上告棄却。	類似法人14社を同署の近接地域から，原告と同業種の中から売上規模等を基準に抽出。類似法人の平均値が原則として相当な報酬額の上限であるとすべき合理的根拠はないと判示。
平成9年9月29日裁決　文献番号26011256	役員報酬の適正額	請求会社の役員報酬は，その職務の内容，請求人の収益及び使用人に対する支給状況並びに類似法人の役員報酬の支給状況に照らして判断すると，その支給額は相当でない。類似法人の平均的な役員報酬額が相当であり，これを超える部分の金額は過大となると認められる。	類似法人4ないし5件選出。類似法人の所在地を明らかにすることは当該類似法人の利益を害する恐れがある上，原処分庁には守秘義務を有することを考慮すると，類似法人の所在地等を明らかにしないことは相当。

熊本地裁平成15年9月26日判決 税務訴訟資料253順号9448 文献番号28130724	役員報酬中の不相当に高額な部分（法34条1項）の存否及びその額	判決は，同種・同程度の規模の医療法人において同様な立場と経験を有しているという条件で選定した役員の最高額を持って適正役員報酬額と認め，原告の請求を棄却した。	類似法人の平均支給額ではなく，類似法人の最高額をもって相当であると判示。
東京地裁平成28年4月22日判決東京高裁平成29年2月23日判決最高裁平成30年1月25日判決 TKC税務情報データベース 文献番号25543030 25546385 25560182	本件役員ら給与のうち，不相当に高額であるとして損金の額に算入されない部分の有無及びその額	判決は，同種・同程度の規模の法人延べ34法人を抽出し，その中の役員の最高額をもって適正役員報酬額と認め，原告の請求を一部認容，一部棄却した。	類似法人の平均支給額ではなく，類似法人の最高額をもって相当であると判示。

　　上記表1は，役員給与の不相当に高額な部分の金額に係る実質基準の適用が争われた判例の一覧である。これらの判例は，原告である法人が，役員給与に対する更正処分を不服とし，被告である税務署を提訴したものであり，いずれの判例も，原告の請求が棄却されるという結果となっている。相当額の判定にあたっては，類似法人の役員報酬額の平均値，最高額をもって相当額と判示する例が多い。

Ⅲ．東京地裁平成28年4月22日判決の事例

東京地裁平成28年4月22日判決
東京高裁平成29年2月23日判決
最高裁平成30年1月25日判決

（1）事実関係[4]

　酒類（米こうじ及び水を原料として発行させたアルコール含有物を単式蒸留器により蒸留したものである泡盛等の単式蒸留しょうちゅう）の製造及び販売等を目的とする法人である原告が，平成 19 年 2 月期から平成 22 年 2 月期までの 4 年間の各事業年度において，役員 4 名に支給した役員報酬について，不相当に高額な部分の金額があり，当該金額は各事業年度の所得の金額の計算上，損金の額に算入されないとして各事業年度の法人税についての更正処分を受けるとともに，それぞれ過少申告加算税の賦課決定処分を受けたことについて，同役員報酬ないし役員給与の支給額はいずれも適正であるとして，各更正処分の一部及び各賦課決定処分の取り消しを求めた事案。

（2）当事者の主張

　① 　納税者の主張

（ア）本件役員の職務の内容

　被告は，泡盛メーカーの役員の職務内容を抽象的に述べるところ，このように抽象的に職務内容を把握すれば，どの泡盛メーカーの役員の職務内容も同一のように見えてしまうものとなろう。しかし，現実には，各企業ごとに経営成績や財政状態は全く異なった結果となっており，これは各社の役員の具体的職務執行の違いによるものであるところ，X は，他の泡盛メーカーと比して，圧倒的に良好な成績を収めているのである。本件役員らは，各種製造機械及び製造ラインを自らの力で作ることができる特殊技術を有し，安く購入してきた中古機械により，X の商品構造に最も適した機械・製造ラインを制作するということを行ってきており，これにより優良な収益構造をもたらしている。

　また，X においては，平成 18 年以降，本件役員らの職務内容が大きく追加されており，これに伴い，役員給与が増額された。

　〜（中略）〜

（イ）比較法人の抽出

　経済合理性に照らすと，優秀な経営者は，そうでない経営者よりも役員報酬

が高くなり，また，同等の能力の経営者同士は，同等の水準の役員報酬になるのであるから，本件役員ら給与が適正であるかを検討するにあたり他の法人の役員給与の額を用いる場合，かかる他の法人の役員は，本件役員らと同等以上の経営能力を持つ者となっていなければならない。そして，このように比較する際に他の法人を抽出するに当たっては，客観性を担保できる程度の相当程度の数の法人を抽出する必要があり，同業種法人は全てもれなく抽出されていなければならない。被告が採用する倍半基準によると，売上高が２分の１から２倍の範囲に入る法人のみを抽出し，それ以外の法人は全て抽出しないこととなる。しかし，費用低減の重要性が認識される現在の経営において，役員の経営能力が，売上高が２倍を超える法人の経営能力と同等ないしそれ以上あるという例は多数存在することから，倍半基準によると，本来抽出されなければならない同等の経営能力を有する役員に係る同業種法人の抽出漏れを招いてしまう。実際，本件においても，本件役員らと同等ないしそれ以上の経営能力を有する役員に係る同業種法人が比較法人として抽出されていない。同等の経営能力を有する役員に係る同業種法人は，日本全国から漏れなく抽出されなければならないが，被告は，沖縄国税事務所・熊本国税局管内に限定して抽出しており，このような抽出方法は失当である。また，清酒業と焼酎業は，製造面・販売面において類似性が高いという特徴があり，原告と比較する法人の抽出に当たっては，単式蒸留しょうちゅう製造業のみならず，酒類製造業全部を抽出すべきところ，被告は単式蒸留しょうちゅうに業種を限定して抽出しており，このような抽出方法は失当である。

（オ）比較法人の資料から適正給与額を導く手法

被告は，本件役員ら給与の額が，比較法人の役員給与の平均額であると主張する。しかし，役員給与は各法人において具体的事情に応じ個別的に定められているもので，類似法人として業種等の条件がほぼ同一の法人を抽出できた場合であっても，法人間で報酬額に多少の差異があるのが通常であるゆえ，そもそも平均値が適正給与額の上限であるとすべきことには，何らの合理的理由もない。また，経済合理性に照らしても，優秀な経営者は，そうでない経営者よ

りも役員給与が高くなり，また，同等の能力の経営者同士は同等の水準の役員
報酬になることからすれば，被告の主張が正しいものとなるのは，本件役員ら
の経営能力が，比較法人の役員らの平均以下であることが主張立証されなけれ
ばならないが，そのような主張立証は一切ない。さらに，適正給与額の上限
が，比較法人における役員給与の最高額とするには，本件役員らの経営能力が
比較法人の役員と比べて最高に秀でたものとなっていないといえなければなら
ないところ，被告からはそのような主張立証は一切ない。

　したがって，適正給与額が，比較法人の役員給与の平均額であることはもと
より，最高額であるともいえず，比較法人の資料から適正給与額を導く手法
は，いずれも失当である。

②　税務当局の主張

（ア）本件役員やの職務の内容

　泡盛メーカーの役員の一般的な職務内容としては，〔1〕製造計画及び製造に
係る指揮監督・意思決定等，〔2〕営業活動に係る指揮監督・意思決定等〔3〕
設備投資の計画・意思決定等〔4〕従業員の採用・給与等の人事業務〔5〕財務
状況の把握及び分析〔6〕法人業務全般の指揮監督〔7〕法人を代表しての対外
均衡などが考えられ，他に蔵置場及び蔵置所を所有する場合は，その指揮監督
等も役員の職務となり得る。原告の主張する追加業務は，上記一般的な職務内
容に含まれ，役員給与を増額させなければならないほどの特段の職務内容の追
加があったとは認められない。また，原告の各事業年度の粗利益率及び改定営
業利益率は，■にあり，原告の主張する本件役員らによる製造機械及び製造ラ
インの制作により，収益構造がどのように改善したかは判然としない。

　〜（中略）〜

（イ）比較法人の抽出

　原告は，企業経営者の場合には，高い経営能力を有する者がそうでない者よ
りも多くの役員報酬を受けることになることを前提として主張するが，そのよ
うな前提の存在を認めるべき根拠はなく，経営能力の高低と役員給与額の高低

が必ずしも一致するということはできない。そもそも，旧法人税法施行令69条及び法人税法施行令70条1号においては，役員給与の相当性を判断するに当たり，その法人と同種の事業を営む法人で事業規模が類似するものの役員に対する給与の支給の状況に照らして判断することとされているところ，高い経営能力を有する役員が必ずより多くの役員給与を受けるという原告の上記主張を前提とすれば，その判断の際には，当該役員の経営能力と類似法人の役員の経営能力を個々に比較して優劣をつけるという判断をする必要があることとなるが，そのような判断は極めて主観的，恣意的なものとならざるを得ず，客観性を欠くこととなるから不道理である。総売上金額は法人の事業規模を示す最も重要な指標の一つであることから，総売上金額に着目した基準である倍半基準は，事業規模の類似する同業者を抽出するための基準として優れた合理性を有するものとして一般に承認されているものであり，他方，旧法人税法施行令69条1号及び法人税法施行令70条1号が定める類似法人の抽出は，適正役員給与月額を算定する一つの資料，指標を得るための手段に過ぎないことに鑑みれば，類似法人の範囲を事業規模の点から一定の範囲内に絞るために使用される倍半基準の適用においては，事業規模に関する指標である売上金額のみに適用することで十分というべきである。原告は，同業種法人は，日本全国から，酒類製造業全部について抽出すべきである旨主張する。しかし，製造業における製造コストや設備費，人件費等は地域によって異なるのが一般的であり，比較的近接した地域においては，製造コスト等に類似性が見られること，また，一般的に見て同業種，類似規模で同地域にあれば，その法人も同様の経済状況にあり，その役員の役務に対する給与として通常支払われる額も類似するといえることから，類似法人の抽出範囲を沖縄国税事務所及び熊本国税局管内としたことに合理性が認められることは明らかである。また，類似法人を抽出する上で，業種を同業種の法人に限定することは，旧法人税法施行令69条1号及び法人税法施行令70条1号が「同種の事業を営む法人」と規定することに基づくものであるところ，その抽出においては，業種，業態，規模（売上金額，期末資産合計額，従業員数）収益状況等ができるだけ当該法人と類似するものであることが望ましいとされているのであるから，類似法人を抽出するに当た

り，原告の製造する酒類のほとんどが単式蒸留しょうちゅうであることを踏まえて，単式蒸留しょうちゅうを製造する法人を抽出することに何ら不合理はない。仮に業種を酒類製造業界全体とすれば，原材料も製造工程も全く異なる酒類を製造する法人をも同業種として含めることとなるが，本件においては，かかる基準で抽出しなければ類似法人が得られないなどの特段の事情が生じているものではないから，酒類製造業界全体という抽出範囲を採用すべき合理的な理由はないというべきである。本件において，本件役員ら給与の額のうちの不相当に高額な部分の金額の算定に当たっては，別表 7 − 1 から 7 − 4 までのとおり，本件役員らと同様の地位にある比較法人の代表取締役及び取締役の給与額を採用することとし，同様の地位にあるものが複数名いる場合には，より保守的に役員給与の支給額の最高額を採用した上，その平均値を算定している。

（3）判決の要旨

① **第一審　東京地裁　平成 28 年 4 月 22 日判決**

　本件役員らの職務の内容は，酒類の製造及び販売等を目的とする法人の役員として，一般的に想定される範囲内のものであるということができ，特段に高額な役員報酬ないし役員給与を支給すべき程の職務の内容であるとまでは評価し難いというべきである。また，同種の事業を営む類似法人の抽出については，総売上金額の 0.5 倍以上 2 倍以下の範囲内の法人として延べ 34 法人を抽出した。旧法人税法施行令 69 条及び法人税法施行令 70 条 1 号の通り，沖縄国税事務局長が類似法人を抽出し，その代表取締役及び取締役それぞれの内の最高額の役員報酬ないし役員給与を抽出した方法は，法令の文理に照らし，合理的であると評価することができる。売上金額は，法人の事業規模を示す最も重要な指標の一つであるということができ，事業規模の類似性を判断するに当たり，対象法人の売上金額の 0.5 倍以上 2 倍以内の範囲から類似法人を抽出することは，合理的であるといえる。また，原告が主張する役員の経営能力を加味した類似法人の抽出については，主観的・恣意的な要素を排除して経営能力それ自体を評価することは極めて困難であり，このような評価を前提として類似法人を抽出することは客観性を欠いた抽出方法であるといわざるを得ない上，

「事業規模が類似する」という法令の文言からも離れた抽出方法によることになるから、原告の主張は採用できない。また、抽出条件に同種の事業を掲げているのは、同種の事業を営む法人であれば、その法人の業務内容が類似する為、収益率等も類似すると考えられ、そのような法人における役員報酬ないし役員給与の支払状況を比較することで、できるだけ客観的な適正報酬を算出しようとするためであると考えられるから、「同種の事業」とは、できるだけ対象となる法人と類似するものが望ましく、製造業にあたっては、その製造される製品が類似することが望ましいといえる。そして、単式蒸留しょうちゅう以外の酒類は、単式蒸留しょうちゅうとは原材料や製造工程が異なることからすると、製品が類似するということはできず、沖縄国税事務所長において、類似法人の抽出に当たり、単式蒸留しょうちゅうの製造免許を付与され、その製造をしている法人を対象としたことは合理的であるといえる。また、単式蒸留しょうちゅうについては、熊本国税局管内における製成数量が全国における製成数量の8割以上を占めていることが認められているところ、製造業における製造コストや設備費、人件費等は地域によって異なるのが一般的であり、同一国税局管内や近接した国税局管内という比較的近接した地域においては、製造コスト等に類似性が認められるものが多いと考えられること等からすれば、類似法人の抽出範囲については、合理的であるというべきである。本件役員らの給与の額は、類似法人の中で役員報酬ないし役員給与の最高額となっている7番又は29番をも上回るのであり、しかも上記2法人は、原告との比較においても、相当に経営状況が良いと評価することができる。～（中略）～ことからすれば、本件役員ら給与には、不相当に高額な部分の金額があるというべきであり、少なくとも、類似法人の代表取締役及び取締役らの役員報酬ないし役員給与の最高額を上回る部分は、不相当に高額な部分の金額に該当するというべきである。

② 控訴審　東京高裁　平成29年2月23日判決
　　控訴棄却

③　上告審　最高裁　　平成 30 年 1 月 25 日第一法廷判決
　　上告棄却

（4）判例考察結果

　本判決においては，役員報酬等の類似法人の平均額ではなく，最高額を超える部分の金額が不相当に高額であると判示された。原告の事業内容等，役員等の職務内容，原告の収益状況，使用人に対する給料ないし給与の支払い状況等について検討した上で，選出された類似法人と比べ，特段大きな相違が無いという事実認定に基づき判示された。過去の類似判例の中では，類似法人の役員報酬の平均額を上回る部分を不相当に高額と判示するものも多く存するが，当判示では，類似法人の役員報酬の最高額を上回る部分を判示されたことから，若干納税者側の主張も加味した判示になっている。しかし，判断基準の軸となったのは，以前とかわらず類似業種，類似法人の役員給与との比較であり，そこに一定の状況を加味して，平均額を上回る部分なのか，最高額を上回る部分なのかを判断しており，本質的には大きな変化は見られない。「被告側だけが有する類似業種・類似法人の役員給与の水準を，原告納税者は具体的に知りえる情報ソースを持たないのであるから，補完的な基準に位置付けるべきである。申告納税制度の趣旨を踏まえても，予測可能性の確保が図られるべきである。税法の専門家である税理士の予測可能性の担保されない基準を用いて不確定概念の主たる判断基準とすることは租税法律主義に反するのである[5]」。

　被告側のみが有する情報を元に課税処分がなされるのであれば，本来企業の重要な経営政策の 1 つである役員報酬金額の決定について，重要な不安要素を抱えることになってしまうと感じる。

むすび

　役員給与の不相当に高額な部分の金額に対する課税について，過去の判例を通じて，判示の特徴について考察した。筆者の私見としては，不相当に高額な部分の金額に対する課税については，基本的に納税者側が知り得ない情報を基

に判断が下されるのであればフェアでは無いので廃止を検討しても良いのでは無いか。仮に類似法人の役員給与の最高額を限度とする場合，その選定対象となった法人もその最高額と認定された役員給与を支給した時点では，類似法人の最高額を更新しているはずである。最高額を更新する都度，課税処分が為されるわけでは無いが，どの程度最高額を超過したら課税庁の目に留まり，更正処分が為されるのか，納税者は知りえない。また，役員報酬で支給された金額は，反面，所得税の課税対象となる（高額な役員給与であれば，所得税率も高い率に属することが想定される）とすると，無理に法人税で不相当に高額という理由のみで否認をしなくても問題は無いのではないか。また，不相当に高額な課税の趣旨として，名目的な役員に対する高額な給与を否認するということであれば，事実認定の上で，課税しても問題無い（非常勤役員への不相当に高額な給与など）。正当な業務を行っている役員の役員給与への課税と，名目的な役員への不相当に高額な役員給与への課税は切り分けて考えても問題はないのではないか。経済のグローバル化が進み，これから先，日本国内の同一地域，業種，製造方法などをひとくくりにして，画一的に判断できないような事例も生じる可能性がある。過去，想像もできないような創意工夫，革新的な技術により大きな利益を生む企業が日本においても輩出される可能性があるかもしれない。そのような企業の経営者等に対して正当な報酬対価としての役員給与に対して，不相当に高額という制限をかけるべきでは無いのではないか。役員給与課税は形式的な判断基準（34条1項）により規制するに留めて，不確定概念によった不相当に高額な役員給与への課税（34条2項）は廃止するべきであると考える。

【注】

1）金子宏『租税法12版』（弘文堂・2007年）283頁。
2）中江博行「課題役員給与をめぐる諸問題とその糸口」税経通信第63巻第6号104頁，2008年6月。

「不相当という概念は，何をもって不相当というのかは当事者個々に相違がある。働きが悪く，職務執行の対価としては過大で高額だと税務当局から判定されるとしたら納税者としてもおいそれと納得できるものではないであろうから，裁判による決着をつけざるを得

ず，未だにこの種の事案が多々見受けられる。」

3）品川芳宣『役員報酬の税務事例研究』（財経詳報社・2003 年）120-139 頁。

4）TKC 法律情報データベース，LEX/DB インターネット　文献番号 25543030

5）増田英敏　第 125 回 TKC 租税判例研究会実施結果報告　その 2

　判例評釈　役員報酬等の不相当に高額か否かの判断基準（TKC 税情・2017 年 4 月）　23

　頁。

第4章

中小法人に適用される
交際費の定額控除制度について

千葉裕太

はじめに

　営利社団法人と定義される会社の目的は，売上または利益を最大化することである。そのためには，「得意先等の商談の際の接待，中元，年末における贈物，取引関係先等の慶弔禍福に際する祝い金等の支出は，ある程度避けられない」[1]ものである。しかし，この交際費の支出には税務上，様々な問題点が指摘されている。

　また，「令和3年度分会社標本調査結果」によると，我が国の法人2,848,518社の内，2,829,899社が資本金1億円以下である。割合にして約99％の法人がいわゆる税法上の中小法人となる。さらに約92.2％が同族会社であり，資本金1,000万円以下の割合は約87％となっている。これは我が国においては，「代表取締役社長」が一人株主，若しくは，それに近い状態にあり，「所有と経営」が実質的に分離されていない場合が多いことを意味する。それは内部統制の効力が弱い，もしくはその仕組み自体が存在しないということであり，「社長」個人の裁量によって交際費支出の態様が左右されるということである。

　そのため適正公平な納税の義務を履行するためには，外部から厳格な規制や指導が必要となる。つまり，税法の明確かつ公平な規定が重要になるのである。

Ⅰ．交際費制度の概要

　交際費の規定は，租税特別措置法第61条の４において以下のように規定されている。

　「法人が（略）支出する交際費等の額（当該適用年度終了の日における資本金の額又は出資金の額（略）が百億円以下である法人（略）については，当該交際費等の額のうち接待飲食費の額の百分の五十に相当する金額を超える部分の金額）は，当該適用年度の所得の金額の計算上，損金の額に算入しない。

　２　前項の場合において，法人（略）のうち当該適用年度終了の日における資本金の額又は出資金の額が一億円以下であるもの（略）については，前項の交際費等の額のうち定額控除限度額（八百万円に当該適用年度の月数を乗じてこれを十二で除して計算した金額をいう。）を超える部分の金額をもつて，同項に規定する超える部分の金額とすることができる。（略）

　６　第一項，第三項及び前項に規定する交際費等とは，交際費，接待費，機密費その他の費用で，法人が，その得意先，仕入先その他事業に関係のある者等に対する接待，供応，慰安，贈答その他これらに類する行為（以下この項において「接待等」という。）のために支出するもの（次に掲げる費用のいずれかに該当するものを除く。）をいい，第一項に規定する接待飲食費とは，同項の交際費等のうち飲食その他これに類する行為のために要する費用（専ら当該法人の法人税法第二条第十五号に規定する役員若しくは従業員又はこれらの親族に対する接待等のために支出するものを除く。第二号において「飲食費」という。）であつて，その旨につき財務省令で定めるところにより明らかにされているものをいう。

　　一　専ら従業員の慰安のために行われる運動会，演芸会，旅行等のために通常要する費用

　　二　飲食費であつて，その支出する金額を基礎として政令で定めるところにより計算した金額が政令で定める金額以下の費用

　　三　前二号に掲げる費用のほか政令で定める費用

　７　第二項の規定は，確定申告書等，修正申告書又は更正請求書に同項に規

定する定額控除限度額の計算に関する明細書の添付がある場合に限り，適用する。

8　第六項第二号の規定は，財務省令で定める書類を保存している場合に限り，適用する。」

また，租税特別措置法施行令第 37 条の 5「交際費等の範囲」・同－ 2 において以下のように規定されている。

「法第六十一条の四第六項第二号に規定する政令で定めるところにより計算した金額は，同項に規定する飲食費として支出する金額を当該飲食費に係る飲食その他これに類する行為に参加した者の数で除して計算した金額とし，同号に規定する政令で定める金額は，五千円とする。」

「2　法第六十一条の四第六項第三号に規定する政令で定める費用は，次に掲げる費用とする。

一　カレンダー，手帳，扇子，うちわ，手拭いその他これらに類する物品を贈与するために通常要する費用

二　会議に関連して，茶菓，弁当その他これらに類する飲食物を供与するために通常要する費用

三　新聞，雑誌等の出版物又は放送番組を編集するために行われる座談会その他記事の収集のために，又は放送のための取材に通常要する費用」

また，他社主催の懇親会参加のためのタクシー代は単純損金とされる一方で，自社主催の懇親会のタクシー代等は交際費等となる[2]。

交際費等支出の相手方の範囲については，措置法通達 61 の 4（1）－ 22 において以下のように規定されている。

「措置法第 61 条の 4 第 6 項に規定する「得意先，仕入先その他事業に関係のある者等」には，直接当該法人の営む事業に取引関係のある者だけでなく間接に当該法人の利害に関係ある者及び当該法人の役員，従業員，株主等も含むことに留意する。」

交際費等の支出の方法については，措置法通達 61 の 4（1）－ 23 において以下のように規定されている。

「措置法第 61 条の 4 第 6 項に規定する法人の支出する交際費等は，当該法人

が直接支出した交際費等であると間接支出した交際費等であるとを問わないから，次の点に留意する。

　(1)　2以上の法人が共同して接待，供応，慰安，贈答その他これらに類する行為をして，その費用を分担した場合においても交際費等の支出があったものとする。」

　また，事業に関係のある者とは，将来取引関係を持つ可能性のある者も含まれると解され，また，間接的な利害関係者として，取引の当事者でない金融機関・証券会社・経済雑誌社の社員などが挙げられる[3]。つまり，ほぼ全ての者が対象となる広い概念ということである。

Ⅱ．交際費制度の沿革[4]

　我が国の法人が支出する交際費等の損金算入を規制する制度は，租税特別措置法により規定されているが，それは以下のような税制改正の変遷をたどってきた。

昭和29年度改正：法人の資本の蓄積，冗費の節約を図り，もって経済の発展に資することを目的に，支出交際費のうち基準年度の交際費額の70％を超える金額の2分の1を損金不算入とする制度が創設された。ただし，資本金500万円未満の法人等は適用除外とされた。これは，当該法人は「同族会社が多く，資本主が経営者であって徒に社用族的な経費を支出することは少ないと考えられ」[5]たからである。

昭和31年度改正：超過額の全額を損金不算入とした。

昭和32年度改正：基準額を60％とし，資本金1,000万円未満の法人を適用除外とした。

昭和34年度改正：新実績基準（80％）が設定された。

昭和36年度改正：小資本の子会社設立等による交際費課税逃れ対策と制度の簡素化，公平化を図ること，さらに課税を強化するため，適用除外法人を廃止し，損金不算入額の計算方法を

次のように改正した。

【支出交際費の額 － （300 万円 ＋ 自己資本金額の 1,000 分の 1)】 × 20％

昭和 39 年度改正：控除額を 400 万円とした。

資本金基準を 1,000 分の 2.5 とし，損金不算入割合を 30％とした。

昭和 40 年度改正：損金不算入割合を 50％とした。

昭和 42 年度改正：当期支出交際費等が前年同期の支出交際費等の 105％相当額を超過した場合には，その超過額の 100％を損金不算入とした。

昭和 44 年度改正：損金不算入割合を 60％とした。

昭和 46 年度改正：損金不算入割合を 70％とした。

昭和 48 年度改正：損金不算入割合を 75％とした。

昭和 49 年度改正：資本金基準を 1,000 分の 1 とした。

昭和 51 年度改正：資本金基準を 1,000 分の 0.5 とし，損金不算入割合を 80％とした。

昭和 52 年度改正：資本金基準を 1,000 分の 0.25 とし，損金不算入割合を 85％とした。

昭和 54 年度改正：定額控除額を年 200 万円とした。ただし資本金 1,000 万円以下の法人は年 400 万円，資本金 5,000 万円以下の法人は年 300 万円とした。

損金不算入割合を 90％とした。

昭和 56 年度改正：基準交際費を超える部分について，全額を損金不算入とした。

昭和 57 年度改正：支出交際費の全額を損金不算入とした。ただし，資本金 5,000 万円以下の法人は年 300 万円，資本金 1,000 万円以下の法人は年 400 万円の定額控除を認めた。

平成 6 年度改正：定額控除額の 10％を損金不算入とした。

平成 10 年度改正：定額控除額の 20％を損金不算入とした。

平成 14 年度改正：資本金 5,000 万円以下の法人の定額控除額を年 400 万円
　　　　　　　　　とした。

平成 15 年度改正：資本金 1 億円以下の法人の定額控除額を年 400 万円とし
　　　　　　　　　た。
　　　　　　　　　定額控除額の 10％を損金不算入とした。

平成 18 年度改正：一人当たり 5,000 円以下の飲食費を交際費から除外した。

平成 21 年度改正：資本金 1 億円以下の法人の定額控除額を年 600 万円とし
　　　　　　　　　た。

平成 22 年度改正：資本金 5 億円以上の法人による完全支配関係にある（子）
　　　　　　　　　会社は定額控除制度から除外された。

平成 23 年度改正：100％グループの複数の大法人により全株式を保有され完
　　　　　　　　　全支配関係にある法人も定額控除制度から除外された。

平成 25 年度改正：定額控除額が年 800 万円に拡大された。
　　　　　　　　　定額控除額内の損金不算入措置が廃止（0％）された。

平成 26 年度改正：接待飲食費の 50％を損金算入とした。
　　　　　　　　　中小法人は定額控除制度との選択制とされた。

令和 2 年度改正：接待飲食費の特例に関して，資本金が 100 億円を超える
　　　　　　　　　法人は適用を除外された。

令和 4 年度改正：グループ通算制度適用時，資本金が 100 億円を超える法
　　　　　　　　　人がある場合には，接待飲食費特例の適用から除外した。
　　　　　　　　　中小通算法人の定額控除額について，各通算法人が支出
　　　　　　　　　する交際費等の額の比で按分した金額とされた。

小　括

　交際費支出についての損金不算入制度は，「企業会計上，本来，費用とされ，
法人税の課税所得の計算上も，基本的には損金性を有するとする交際費の性格
を否定するものではなく，政策的見地から」[6]課税の強化が行われた結果の措
置であった。

　中小法人に関する交際費の損金不算入制度は，創設時は適用除外とされ，後

に定額控除制度が設けられるなど配慮がなされてきた。

　改正の方向性としては，平成14年度税制改正から経済政策等の面から定額控除額を増加するなどされており，規制を緩和・適正化していく傾向がある。

Ⅲ．主要国における交際費の税務上の取扱い[7]

1．アメリカ

　アメリカでは，原則，交際費の50％が損金不算入とされる。損金算入に当たっては，①事業の遂行に当たって通常かつ必要なものであり，かつ②直接事業に関連すること等が要件である。贈答費用は受贈者一人当たり年間25ドル（3,425円）まで損金算入可能となっている。

2．イギリス

　イギリスでは，原則，交際費の全額を損金不算入とされる。広告宣伝用の少額贈答品（飲食物，たばこ，商品券を除く）は，受贈者一人当たり年間50ポンド（8,550円）まで損金算入可能となっている。

3．ドイツ

　ドイツでは，原則，交際費の30％が損金不算入とされる。損金算入に当たっては①取引通念に照らし相当であり，かつ②金額，日時，場所，目的及び参加者について書面により届出すること等が要件である。贈答費用は受贈者一人当たり年間35ユーロ（5,215円）を超えない場合は全額損金算入可能であり，超えた場合には全額損金不算入となる。

4．フランス

　フランスでは，原則，交際費の全額を損金算入することができる。損金算入に当たっては①事業の遂行上直接必要な経費であり，かつ②過大でない事等が要件である。接待費用については年間6,100ユーロ（90.89万円）を，贈答費用については年間3,000ユーロ（44.7万円）を，超えた場合には申告時に明細書の

提出が義務とされている。

小　括

　要件は我が国と同様，業務に関連があることが必要であり，支出金額の一定割合を損金不算入額とするなど交際費の支出を規制する国が多い。贈答費用に関しては，「年間，受贈者一人当たり」という形で厳しく規制している国が多く，我が国のお中元・お歳暮文化に当てはめると，損金不算入となる金額が生じることになる。我が国の接待飲食費（会議費）に関して1回，一人当たり5,000円以下の場合は除外するという基準の妥当性に疑問を持たざるを得ない。

Ⅳ．租税公平主義と交際費

　租税公平主義とは，憲法第14条第1項[8]の法の下の平等原則に由来し，「税負担は国民の間に担税力に即して公平に配分されなければならず，各種の租税法律関係において国民は平等に取り扱われなければならないという原則」[9]のことである。課税における公平は，水平的公平と垂直的公平とに分かれる。前者は，「同様の状況にある者は，同様に課税されなければならない」[10]というものであり，後者は，「異なった状況にある者は，異なる課税をされなければならない」[11]というものである。また担税力とは，「各人の経済的負担能力」[12]のことである

　基本的にすべての税制度はこの原則に反しないように制定・運用されなければならない。不公平な制度は，国民の納税意識に悪影響を及ぼし，国民の適正な納税義務の履行を阻害しかねないため，早急に是正されなければならない。

　現行の中小法人に関する交際費の定額控除制度は，以下に述べるような問題の原因となっており，租税公平主義に反しているのではないかと考える。

Ⅴ．資本金基準と交際費

　交際費等の定額控除制度を適用することができる中小法人とは，資本金が1

億円以下の法人とされる。

　過去には，増資をしない方法や子会社を設立することにより交際費課税を免れることができた。現行制度では資本金5億円以上の大会社による交際費課税逃れは規制されているが，中小法人の場合には，新たに（子）会社を設立することにより，「社長」が利用することができる交際費の定額控除額を倍増することができるという問題は残っている。

　中小法人に，前3年間の平均所得金額が15億円超となる大法人並みの所得がある場合，中小法人に対するいくつかの優遇税制は適用されない（交際費の定額控除は適用可能）。一方で，資本金1億円超の大会社の場合には，前3年間の平均所得金額が15億円以下の場合であっても，交際費は全額損金不算入のままとなる。これは，多額の所得があり担税力がある中小法人に相応の課税をせず，担税力がない場合もある大企業により多く課税している点で，垂直的公平性の観点から問題である。

　法人の交際費等の損金不算入制度について，大法人と中小法人との間に区別を設ける租税特別措置法の規定は憲法14条に違反しない，つまり租税公平主義に反しないとする裁判例[13]があるが，個々の法人（完全支配関係にあるグループを含む）の財務状況や経済状態を考慮せずに，資本金のみを唯一の基準として定額控除制度適用の可否を規定している現行の交際費制度はやはり問題である。

Ⅵ．フリンジ・ベネフィットと交際費

　給与所得は必ずしも，「金銭の形をとる必要はなく，金銭以外の資産ないし経済的利益も，勤務の対価としての性質をもっている限り，広く給与所得に含まれる」[14]とされる。この金銭以外の経済的利益のことを，「現物給与とかフリンジ・ベネフィット」[15]と呼ぶ。

　一般に大企業の「社員」が，社宅や食堂などの福利厚生が充実しているため，その恩恵を受けているとされるが，交際費の定額控除制度の存在や「社長」の専用車等，自由に経費を支出することができる点を加味すれば，「中小

企業の社長」の方がその恩恵を享受しているといえる。

　富岡氏は交際費等に関し，「元来は，企業の事業経費という性格を持つものであるが，現状では，往々にして正常な取引の対価とは認めがたいものも見られよう。また，交際費等の支出の事実を立証することができず，損金性が否定されることもなくはない。交際費等を支出した企業側においてその損金性が認められる場合でも，利益の享受者としての個人に対する課税問題も明確にしなければならない。法人の交際費等を含む人件費以外の経費が，企業の内部者である役員・従業員や取引先の担当者個人などの事実上の個人所得のかたちになっている例も少なくないはずである。」[16] と指摘したうえで，フリンジ・ベネフィットについて「交際費等に係る受益者課税の欠落」であるとし次のように批判している[17]。

　「いきすぎた交際接待や，過剰な福利厚生から利益享受者個人が収受する経済的利益は，いわゆるフリンジ・ベネフィット（fringe benefits）＝「付加給与」である。日本の税制は，実際上，この付加給与に対する課税を放棄している。

　現在，接待，供応，慰安，贈答その他これらに類する行為に係る支出は，「交際費等」として，支出者側である会社の方に課税しているだけで，これにより恩恵を受けている個人には何の課税もしていない。これは，税制上の大きな欠陥であり，すみやかに受益者課税を徹底するように再検討しなければならない。」

　我が国において現物給与は，換金性に欠ける場合があることや評価が難しい等の観点から課税上の配慮がなされている。しかし原則として，フリンジ・ベネフィットは給与として課税すべきものである。

　事実上非課税であるフリンジ・ベネフィットは，給与を金銭で支給された者と比較した場合，「同等の経済的利益を得ている者に同等の税負担がなされない」[18] という点で水平的公平性の観点から問題であり，「より多額の金銭給与を得ている者がフリンジ・ベネフィットを多く得ていると考えられるため，より多額の経済的利益を得ている者により多額の税負担がなされない」[19] という点で垂直的公平性の観点からも問題である。

　現行の中小法人に関する交際費の定額控除制度は，給与課税されないフリン

ジ・ベネフィットを生みだす大きな原因の一つとなっている。

VII. 給与課税回避と交際費の定額控除制度自体の問題点

定額控除制度は「中小企業の社長」に，使途を明らかにすれば接待交際を目的とする限り，年間800万円まで自由な支出を認めているといえる。これは「社長」個人に対して，月にして約65万円もの金銭若しくは経済的利益を給与としての課税なく，非課税で供与することを認めることと同義である。

交際費支出の結果として生じるフリンジ・ベネフィットと裏表の関係であるが，本制度は給与課税回避の方法として意図的に利用されうる。仮に「社長」が全ての売り上げを獲得している場合であっても，その対価は本来，役員報酬として給与課税の対象とされた上で受け取るべきものである。

そもそも交際費の定額控除制度については，「企業による巨額な交際費支出が正常な価格形成を歪めている」[20]という批判や，「商取引において真に必要とされる以上の交際費を支出する誘因となっている」[21]という批判がある。「令和3年度分会社標本調査結果」によると，交際費等支出額の約87％が同制度の適用対象である資本金1億円以下の中小法人による支出であるが，その内，損金不算入割合は約7.9％しかない。多くの中小法人は，定額控除の枠内で交際費を支出していることが分かる。

また，現行の定額控除制度には，一回当たりの支出金額について明確な上限規制がないため，その支出の妥当性等の検証ができない点も問題である。

VIII. 交際費支出の個別態様の検討

① 食事代・旅行代（海外旅行）・その他遊興費（ゴルフ・観劇など）

そもそも法人に食事等は不要な行為であり，飲食店の社員であっても，新商品の開発・調査等の場面でもなければ，業務上の食事をとる必要性はない。つまり，これらの行為と業務との関連性は非常に薄いものである。

旅行（出張）を業務上必要とすると，「日当」を支払うこともできるが，そ

れは実費弁償ではなく，「社長」が恣意的に非課税の給与を生み出すことができる原因となる。

　社員への食事の支給は，福利厚生費等となるケースもあるが，一ヵ月当たりの上限金額が少額で要件が厳しい。金銭支給の場合には，原則として社員の給与となり，補助の全額が所得税の課税対象となる。しかし社外の者との食事等の場合には，たとえ実際の業務には関連のない行為であったとしても，接待交際費として損金算入が認められ，給与課税もされないという状況にある。

②　お中元・お歳暮等の贈答費用

　一般に，中小企業においては，お中元・お歳暮等の贈答費用は接待交際費として損金算入する。一方で，相手方から受け取ったお中元・お歳暮については，会社において，受贈益を計上することはまれであり，「社長」や「社員」が消費する場合が多い[22]。

　しかし，本来は「対称性」が必要であり，交際費を支出し，それが損金算入となるのであれば，受け取る品（側）についても受贈益の計上が必要である。

　また，我が国においては，諸外国のような「年間一人当たり」といった上限規制もなく，多額の直接的なフリンジ・ベネフィットが生じる原因ともなる。

小　括

　「中小企業の社長」は経費だけでも生活できる状況にあるといえる。食費（接待，会議）や遊興費（ゴルフ，観劇），車両費（車，ガソリン代），地代家賃（社宅）などである。このような実質非課税となるフリンジ・ベネフィットを発生させる大きな原因の一つが，定額控除がある現行の交際費制度であるといえる。

IX.　交際費支出に対する考え方

　企業が支出する交際費の規制に関しては様々な考え方があるが，大別すると次の4つに整理することができる。

① 企業が支出したものは，その内容や金額を問わず，全額を損金算入するべき

→ 私的な支出や冗費が増加する可能性等，様々な問題がある。

② 交際費の質に着目し，事業に（直接）関係のあるものは，金額を問わず損金算入を認めるべき（質的規制）

→ 業務関連性を立証する方法（要件）が制度を複雑化させる。

③ 交際費の損金算入は一定の金額（割合）までにすべき（量的規制）

→ 我が国の中小法人に適用される現行の規制である。

④ 交際費は全額損金不算入とするべき

→ 原則，我が国の大法人に適用される現行の規制である。

上記について，フリンジ・ベネフィットの問題や業務関連性の立証問題，制度の簡素性，そして課税の公平性の観点からは④が最も適切であると考える。

Ｘ．現行の交際費制度が抱える問題に対する是正案

現行の交際費制度に関する問題について，原則，損金不算入を前提にすると，次のような是正案を提示することができる。

① 交際費を全額損金不算入とし，かつ，同額を受益者に課税する（給与課税）

→ 享受した利益を正確に見積り，（相手方に）課税することは困難かつ煩雑である。

② 交際費等を全額損金不算入とするのみ（いわゆる会議費の5,000円基準は存置）

→ 大法人においては，既に適用されている制度である。

③ 交際費等の支出を禁止し，支出があった場合には使途秘匿金と同様の措置を講ずる

→ 欠損法人等，所得がない場合にまで課税することは担税力がないものへの課税となり，結果として資本への課税となるという問題がある。一方で，制度は複雑化するが，公正な取引を阻害する談合や贈

賄等につながりかねない接待行為を抑制できる。

④　定額控除額800万円の上限規制を縮小する

　　→　ここまで述べてきた理論的問題点が解決されない。

⑤　資本金の額で損金算入割合を変動させる（寄付金の限度額計算を参考）

　　→　会社の規模により損金算入割合が変動するため垂直的公平性には適合するが，制度を複雑化させる。また計算式によるが，水平的公平に十分に適合しない。

⑥　接待の相手方の金額のみ損金計上可能とする

　　→　事務負担が増加する。また相互接待の場合，問題が解決されない。

　これらの中から，先に述べた租税公平主義が要請する納税者間の公平性や担税力に応じた租税負担に適合し，フリンジ・ベネフィットについて一定の抑止効果があり，かつ租税法が一般に求められる簡素性・中立性も満たす制度は，上記②の交際費の支出を全額損金不算入とする制度案である。

　この制度案の場合には，課税ベースが拡大（適正化）し，さらに現行の交際費制度で批判の多い不確定概念も「支出を一切認めない」という効果から解消される。

むすび

　本論文は企業活動における接待行為の有効性を否定するものではない。心遣いや義理人情，恩義といったところから次の仕事につながることもあるだろう。接待行為は中小企業にとって，取引を円滑に行うことに役立つという効用を持っている。しかし，中小企業の接待交際費支出の実態は，「社長」の個人的な遊興費となっている場合も多く，また課税の公平性に反し，所得税課税を潜脱するという面を持っている。

　定額控除廃止の影響による金額の重要性については，元請けである大企業の社員が下請けの中小企業に要求するリベートと比較すれば小さいものかもしれない。しかし，租税公平主義に基づけば，たとえ中小法人の少額の納税額で

あっても看過してはならない。また諸外国と比べ法人税率が高いとされる我が国においては，損金不算入による税額に対するインパクトも大きくなる。

　本来，課税された後の「手取り給与」から支出すべき個人的な生活費，娯楽費用を「会社の経費」から支出することは許されない。法人は別人格であるが，実質的に社長個人と同視しうる中小法人において，その課税所得を減少させ，もって納税額を不当かつ不公平に減少させることができる現行の交際費制度は問題がある。

　また，金額の妥当性，接待の業務関連性等を判断する機会が税務調査しかないという状況は，租税制度として問題がある。

　一方で，利益が零の場合でも，交際費を損金不算入とすることで，課税所得が発生し納税額が発生してしまうことは，担税力がないところに課税していることになり，資本への課税であるという批判もある。

　しかし，中小法人は様々な税務的恩恵を受けており，担税力がないとされる状況にあるかは疑問がある。むしろ交際費等を損金不算入とすることにより，その支出を抑制し，法人の財務体力を強化し，担税力を高めることのほうが有益ではないか。また，支出をすることができるということ自体が，担税力があるということの証左であるともいえる。

　租税制度において最も重要なことは，法人や個人を問わず納税者間の公平を実現する事である。また適正な納税義務の履行には，経営者の法令遵守の姿勢・内部統制が欠かせないが，不明瞭な規定や不公平な税制度は，納税者（法人）の信頼を損なう原因となりうる。そのため現行の不公平な交際費制度は是正が必要である。

【注】

1 ）吉国二郎総監修『戦後法人税制史』（税務研究会・1996 年）213 頁。

2 ）国税庁 HP 参照（https://www.nta.go.jp/law/shitsugi/hojin/15/01.htm）

3 ）富岡幸雄『新版税務会計学講義　第 3 版』（中央経済社・2013 年）167 頁。

4 ）吉国・前掲注 1，及び各年度税制改正大綱を参考に執筆した。

5 ）同上，214 頁。

6 ）同上，605 頁。

7）財務省 HP 参照（https://www.mof.go.jp/tax_policy/summary/corporation/080.htm）

　　邦貨換算レートは 1 ドル＝ 137 円，1 ポンド＝ 171 円，1 ユーロ＝ 149 円（基準外国為替相場及び裁定外国為替相場：令和 5 年 7 月中適用）。

8）日本国憲法第 14 条第 1 項には以下のように規定されている。

　　「すべて国民は，法の下に平等であつて，人種，信条，性別，社会的身分又は門地により，政治的，経済的又は社会的関係において，差別されない。」

9）金子　宏『租税法第 22 版』（弘文社・2017 年）83 頁。

10）水野忠恒『租税法』（有斐閣・2003 年）11 頁。

11）同上。

12）金子・前掲注 9，84 頁。

13）東京高判平成 5 年 6 月 28 日行裁例集 44 巻 6 ＝ 7 号 506 頁

14）金子・前掲注 9，231 頁。

15）同上，232 頁。

16）富岡・前掲注 3，177 頁。

17）同上。

18）村越未和「フリンジ・ベネフィット課税の強化に関する一考察」会計検査研究第 29 号 204 頁，2004 年 3 月。

19）同上。

20）吉国・前掲注 1，766 頁。

21）同上，766 頁。

22）この場合，福利厚生費等と相殺されるため法人税上の問題はないともいえる。

—— 第 **5** 章 ——

損益通算制度に関する一考察

伊藤功明

はじめに

　働き方の多様化が進む近年，副業を解禁する企業が増加している。その目的は，従業員の多様な働き方へのニーズを尊重するために留まらず，従業員の自律的なキャリア形成や，副業を通じた本業への知識・スキルのフィードバックなども期待されている[1]。

　会社員が副業にて所得を得た場合，その所得は事業所得，又は雑所得に区分され，通常，会社員としての所得である給与所得と合算して確定申告が必要となる。この際，源泉所得税の還付や住民税の負担減などを目的として，事業所得で過大な損失を計上し，給与所得と損益通算をする納税者も少なくない。この手法は古くから典型的な租税回避手段として悪用されていたが，近年，SNSを中心として「副業で節税」といった謳い文句でこの手法を流布する者が散見されている。

　本稿では，事業所得の特徴や損益通算の意義等を考慮し，事業所得で生じた損失について，損益通算を行うことが妥当であるか否かを考察する。

Ⅰ．事業所得の概要

　わが国の所得税法は，所得を，その性質に応じて10種類に区分し，それぞれの計算方法を定めている。所得が区分されている理由について，金子宏氏

は，「所得税法は，所得をその源泉ないし性質によって 10 種類に分類している。これは，所得はその性質や発生の態様によって担税力が異なるという前提に立って，公平負担の観点から，各種の所得について，それぞれの担税力の相違に応じた計算方法を定め，また，それぞれの態様に応じた課税方法を定めるためである [2]。」と述べている。所得の対象となる経済的利益は，獲得までの経緯や目的，性質が異なることから，所得を区分し，それぞれの担税力に応じた計算方法について規定されていると考えることができる。

　例えば，長期譲渡所得および一時所得については，その 1/2 のみを課税の対象としている。長期譲渡所得は，長期間に渡って形成された所得を，譲渡年の所得として課税することについて，通常の累進税率を適用することが不合理と考えられているためである [3]。

　事業所得について金子宏氏は，「事業所得とは，各種の事業から生ずる所得のことである（所税 27 条 1 項）。事業とは，自己の計算と危険において営利を目的とし対価を得て継続的に行う経済活動のことであって（同旨，最判昭和 56年 4 月 24 日民集 35 巻 3 号 672 頁），農業・漁業・製造業・卸売業・小売業・サービス業・著述業等，種々の事業がある [4]。」と定義している。代表的なものとしては，個人が独立して営む飲食店や小売店，最近ではインターネットを活用したせどり業など，事業所得に該当するものは多岐にわたる。

　事業所得の金額は，その年中の事業所得にかかる総収入金額から必要経費を控除した金額である。総収入金額とは，その年において事業から生じたすべての収入である。一方で必要経費とは，基本的には，事業から生じる収入を得るための支出とされている。必要経費に関しては，後述する。

　所得税法 37 条 1 項は，必要経費の範囲を下記のように定めている。

　「必要経費に算入すべき金額は，別段の定めがあるものを除き，①これらの所得の総収入金額に対応する売上原価，②総収入金額を得るために直接要した費用の額，及び③その年における販売費，一般管理費，その他これらの所得を生ずべき業務について生じた費用（償却費以外の費用でその年において債務の確定しないものを除く。）の額とされる。」

　上記の通り必要経費の範囲は法律で明記されておらず，わが国の所得税法に

おいては，「業務との関連性」をその要件としている[5]。そのため，事業所得の計算において，どの支出がどこまで必要経費になるかは大きな問題となる。例えば，移動のために飛行機のファーストクラスを利用した場合において，税務署は，飛行機による移動は必要不可欠としてエコノミーまでを経費として認め，残額部分は「個人の好み」による支出として否定したケースもある。これは，金額の合理性はともかく，業務との関連性をメルクマークとして判断されたものである[6]。

　一般的には，所得を得るための活動が「事業」として行われている場合には，その所得は事業所得に区分され，そうでない場合には雑所得に区分される。序章でも述べた通り，所得計算上，事業所得は給与所得との損益通算が認められているが，雑所得は損益通算が認められていない。そのため，事業所得の計算上，所得を得るための活動が「事業」として行われているか否かは重要な観点となる。

　しかしながら，「事業」か「非事業」であるかの線引きは非常に曖昧である。一般的に事業とは「自己の計算と危険において利益を得ることを目的として継続的に行う経済活動」と定義されているが，これはあくまで抽象概念でしかない。実際，「事業」と「非事業」の線引きは，各種の要素を総合的に勘案し，最終的には社会通念によって判断する以外に方法がないとされている[7]。

（参考）事業所得と業務に係る雑所得等の区分（イメージ）

収入金額	記帳・帳簿書類の保存あり	記帳・帳簿書類の保存なし
300万円超	概ね事業所得[注]	概ね業務にかかる雑所得
300万円以下		業務に係る雑所得 ※資産の譲渡は譲渡所得・その他雑所得

（注）次のような場合には、事業と認められるかどうかを個別に判断することとなります。
　　① その所得の収入金額が僅少と認められる場合
　　② その所得を得る活動に営利性が認められない場合

出所：国税庁 HP「雑所得の範囲の取扱いに関する所得税基本通達の解説」https://www.nta.go.jp/law/tsutatsu/kihon/shotoku/kaisei/221007/pdf/02.pdf（2023 年 7 月 17 日アクセス）

　ところが，令和4年10月に国税庁は，事業所得と雑所得の区分に関して下記の通り改正通達を公表した。

　上図（注）に関しては，下記の通り補足解説がなされている。

　「本通達の（注）の後段では，『その所得に係る取引を記録した帳簿書類の保存がない場合（その所得に係る収入金額が300万円を超え，かつ，事業所得と認められる事実がある場合を除く。）には，業務に係る雑所得（資産（山林を除く。）の譲渡から生ずる所得については，譲渡所得又はその他雑所得）に該当することに留意する。』としています。

　事業所得と業務に係る雑所得の区分については，上記の判例に基づき，社会通念で判定することが原則ですが，その所得に係る取引を帳簿書類に記録し，かつ，記録した帳簿書類を保存している場合には，その所得を得る活動について，一般的に，営利性，継続性，企画遂行性を有し，社会通念での判定において，事業所得に区分される場合が多いと考えられます。

（注）その所得に係る取引を記録した帳簿書類を保存している場合であっても，次のような場合には，事業と認められるかどうかを個別に判断することとなります。

①　その所得の収入金額が僅少と認められる場合

　例えば，その所得の収入金額が，例年，300万円以下で主たる収入に対する割合が10％未満の場合は，『僅少と認められる場合』に該当すると考えられます。

※「例年」とは，概ね3年程度の期間をいいます。

②　その所得を得る活動に営利性が認められない場合

　その所得が例年赤字で，かつ，赤字を解消するための取組を実施していない場合は，「営利性が認められない場合」に該当すると考えられます。

※『赤字を解消するための取組を実施していない』とは，収入を増加させる，あるいは所得を黒字にするための営業活動等を実施していない場合をいいます[8]。」

　基本的に，「事業」と「非事業」の判断については，記帳や帳簿書類の保存

が基準となる一方で，（注）①②の通り，一定の判断基準が創設された。しかしながら，最終的に社会通念による判断に委ねられる点についてはこれまでと変わりない。

Ⅱ．損益通算の概要

損益通算について金子宏氏は，「各種所得の金額を計算する場合に，ある種の所得についてマイナスが出ることがある。その場合には，総合所得税の建前から，他の所得のプラスとの相殺を認める必要がある。そこで，所得税法は，不動産所得の金額，事業所得の金額，山林所得の金額または譲渡所得の金額の計算上生じた損失の金額があるときは，それをその他の各種所得の金額から控除する旨を定めている（所税69条1項。その他雑所得（35条2項2号）については，マイナスが出ても他の所得との通算は認められない）。これを損益通算という[9]。」と定義している。

高倉明氏は「包括的所得概念においては担税力を増加させるすべての経済価値が原則として所得を構成すると解されており，総合所得税の建前からマイナスの経済価値は担税力を減殺する要素として認識され，この点において損益通算制度が機能している[10]。」と述べている。

上記の通り，損益通算とは，各人の担税力を年度ごと総合的に捉え，個人に帰属する各種所得をできるだけ総合して課税標準とし，累進税率を適用しようとするものである[11]。つまり，損益通算制度の目的は，各人の暦年での担税力，すなわち，個人の税負担を調整しようとするものである。

損益通算は，所得税法第69条第1項により「総所得金額，退職所得金額又は山林所得金額を計算する場合において，不動産所得の金額，事業所得の金額，山林所得の金額又は譲渡所得の金額の計算上生じた損失の金額があるときは，政令で定める順序により，これを他の各種所得の金額から控除する。」と規定されている。この一定の順序については，所得税法施行令198条，199条により規定されている。水野忠恒氏は，この一定の順序について，「不動産所得又は事業所得の損失については，譲渡所得よりも以前に，利子・給与所得を

含む経常所得から控除するものとされている [12]。」と解説している。

　上記の通り，損益通算は一定の所得同士のみで可能となっており，事業所得と給与所得は通算可能な所得に該当する。そのため，制度上，事業所得から生じた損失を給与所得と通算することが可能となる。

　わが国の所得税は，1 月 1 日から 12 月 31 日までを課税年度として区切り，その期間内に得た所得について年度ごとに所得税を課税する仕組みとなっている。この課税上の仕組みは，暦年課税の原則（課税期間の原則）という。損益通算は，その年に生じた所得について，担税力を調整しようとするものであるため，損益通算と暦年課税には深い関係性がある。

　課税期間を設けて所得税を課している理由として，岸田貞夫氏は「この期間課税の原則は，国家においてその毎年の活動資金に充当するため毎年財政収入が必要であるとの考慮に基づくものであって，その限りでは，課税期間は国家の必要性に応じて任意に設定することが許さるため，単なる技術上の原則というべきであろう [13]。」と述べている。つまり，暦年課税は，わが国の納税者が獲得した所得を計算し，所得税を納付するにあたっての期間を，形式的・画一的に区切るために採用されたものと考えることができる [14]。

　事業所得で損失が生じた場合には，損益通算をすることで暦年の担税力を減殺することが可能となっているが，その一方で，暦年課税の例外として，純損失の繰越控除という制度が存在する。谷口勢津夫氏は，純損失の繰越控除について「現実の経済生活における担税力の減少の考慮も，暦年ごとに分断され，暦年内で考慮し切れない担税力の減少が，切り捨てられることになる。所得税法は，期間計算主義の例外として，純損失の繰越控除を定めることによって，担税力に応じた公平な課税を，暦年横断的に，実現しようとしたものと解される [15]。」と述べている。例えば，事業所得のみを有する納税者がその年度において損失を生じた場合，その損失は切り捨てられることなく，翌年に繰り越すことができる。

　一方，法人の所得計算においても，その課税年度において損失が出た場合，その損失は翌年に繰り越すことができる。この趣旨について，金子宏氏は「法人の事業年度は，もともと事業成果を期間損益の形で算定するために人為

的に設けられた期間であるから，企業の成果を長期的に測定するためには，ある年度に生じた欠損金は，その前後の事業年度の利益と通算するのが妥当である[16]。」と述べている。法人の場合は所得区分の概念が無いため，その年度に生じた損失は，基本的に翌年以降に繰越がなされる。

　所得税および法人税における損失の繰越は，どちらも投資に対するリターンを長期的に観測し，収益と費用を対応させようとしたものと考えられる。

　損益通算はその性質上，租税回避行為に悪用される事が多々あるため，一定の制限が設けられている。その代表的なものは，配当所得の計算上生じた負債の利子である。

　配当所得の金額は，配当等の収入金額から，株式の取得に要した負債の利子を控除した金額である。負債の利子は株式の取得上必要であるため必要経費として認められている一方，配当所得の金額において損失が生じた場合には，この負債の利子は損益通算の対象から除外される。除外される理由として，水野氏は「①株式投資には，配当収入を得る目的と将来の元本価値の値上がりを期待するものがあることを考えると，株式元本を取得するために要した負債の利子を全額配当から控除することは理論的に正しくない，②株式元本取得のための負債の利子かどうかの判定が困難であり，家事上の負債の利子が混在する危険がある[17]。」と述べている。配当所得の計算上生じた負債の利子は，株式の値上がりを目的としたものか否か，または，家事上の負債の利子か否かの判断か困難であり，正確に算出するとなると厳密な計算を強いることになる。このため，配当所得の計算上生じた負債の利子は，配当所得の計算上必要経費と認められつつも，損益通算において除外された[18]。

Ⅲ．事業所得から生ずる損失に係る損益通算の是非

　第1章にて述べた通り，SNS等で得た情報によって，会社員が副業で生じた損失を悪用して租税回避を図る行為が散見されている。国税庁は，これに対応するかのように，事業所得に関する「事業」の定義について改正通達を公表したが，2023年7月現在，未だにSNSを中心として「副業で節税」といった

発信を見かける。

　そこで筆者は，事業所得から生じた損失は損益通算せず，他に通算できる所得が無かった場合と同様に，その損失を翌年の事業所得から控除すべきと考えた。その理由としては，以下の 3 点にある[19]。

1．事業か非事業かを判断するのは困難である点

　第 2 章において，事業所得における「事業」か「非事業」かの線引きについては，社会通念上，総合的に判断するものと述べた。しかしながら，ネット社会の拡大に伴い，収益獲得方法が多様化している影響もあり，社会通念での判断は極めて困難な状況となっていると筆者は考える。例えば漫画家は，インターネットの発展により，作品が公の目に触れる機会が格段に増えたことで，いつどこで自分の作品や LINE スタンプなどの関連商品が大きく収益を上げるか全く予想がつかない状況となっている。営利を目的として継続していれば，誰にでも「事業」として成立するチャンスがあり，どこで成功するか，社会通念での判断は非常に困難であると筆者は考える。

2．ある必要経費が損失を恣意的に生じさせるものと判断できない点

　木村弘之亮氏は，必要経費について「不動産販売の職員は，注文者に手紙を書こうと思って，夕方，夜間，日曜日，祭日の時を浪費することもありうる。しかも，かれはこんなことを 10 年余もつづけ，成果を上げないこともありうる。しかしながら，かれは純粋に主観的には所得獲得の意図をもって行動している。かれは所得税法 27 条に規定する事業を営んでいる。所得獲得の意図にとって決定的に重要なことは，ある獲得活動の最初から最後までの全期間の成果である[20]。」と述べている。また，木村氏は必要経費について「利益獲得の目的が達成されない場合に，その獲得行為が家事行為（取引外行為）に転ずるわけではない。それ故，経費は，それが獲得行為に基因していたが，収益のステージでうまくゆかなかった場合にも，必要経費として承認されなければならない。ここでは，納税義務者が主観的に利益を獲得しようと欲したかどうかが重要であり，かれがそれに成功しなかったかどうかは問題でない[21]。」と述べて

いる。事業所得の計算上，必要経費の範囲は明文化されておらず，事業を行うにあたっての必要性のみがその判断基準となっている。つまり，ある支出が真に収入を得るに必要であったかどうかを判断することは，非常に困難となっている。必要経費の解釈を狭めることで，損益通算を悪用しようとする者は減るだろうが，その一方で，事業における適切な投資活動を行う機会を奪ってしまうことになる。

　水野氏は，「損失は，事業や投資に係るコストであり，損失の通算を認めないならば，事業や投資における危険負担（リスク）について意思決定が中立的でなくなるとされる[22]。」と述べている。これは，事業活動における経費の支出をある種の投資活動であると解釈したものである。損失の範囲を狭めることは，活発な投資活動を制限し，経済活動が停滞してしまう可能性がある。

3. 暦年課税は課税上の技術的問題である点

　暦年課税の原則は，課税計算上の技術的問題から形式的・画一的に設定されたものであると第2章で述べた。木村弘之亮氏は，暦年課税について「暦年税主義（国税通則法15条2項1号）はいわゆる期間会計原則を具体化している。期間会計原則は，経済的給付能力に応じた理想的な課税を制約する技術的原則のひとつである。なぜなら，理想的には，租税給付能力は生涯所得により測定されなければならないからである。それにもかかわらず，国庫は連続的に時間的に区切った租税の収入をあてにしている。期間原則はひとつの技術的原則であるので，期間原則から不衡平な苛酷が生じうる[23]。」と述べている。租税給付能力の測定はその生涯所得から算出されることが理想的であることから，所得計算は，長期的な観測が必要ではないかと筆者は考える[24]。

　一方，法人の所得計算上，ある年に生じた損失は翌年以降に繰越がなされる。これは，第2章で述べた通り，企業の成長を長期的に測定することが目的である。事業所得は，営利を目的とした反復継続的なものである。そのため，暦年での課税が課税上の技術的問題であることを考慮すると，事業で生じた損失を暦年で通算する必要性は無いと考えられる。中里実氏が「経済学的（コーポレート・ファイナンス的）に見れば，当期の収益を産み出すのに役立つのは過

去の支出である²⁵⁾。」と言うように，事業における投資とリターンを考慮すると，事業所得で生じた損失は暦年で給与所得と損益通算せず，翌年に繰り越すことが課税上，自然であると筆者は考える。

　事業所得から生じる損失は，収入を得るための支出であるか，又は家事費であるかを厳密に区別することはできない。しかしながら，投資に対するリスクからの中立性を考慮すると，事業所得の計算上生じた経費を無下に除外することはできない。

　また，わが国の所得税は暦年課税により計算される。これは課税手続き上の技術的問題であるため，事業所得から生じた損失を，同じ暦年に生じた他の所得，特に給与所得と損益通算する必要性は低いと考える。

　上記より，事業所得から生じた損失は，配当所得に係る負債の利子のように，その発生自体は認めるが，他の所得とは通算せず，翌年以降生じた事業所得から控除すべきと筆者は考える。これにより，投資に対するリスクの中立性を確保しつつ，過剰な損益通算による担税力低減の回避を期待できる可能性がある。

むすび

　本稿では，事業所得および損益通算の定義などを考慮し，事業所得から生じた損失の損益通算の意義について検討した。検討の結果，事業所得から生じた損失は，その損失自体は認めるが，他の所得と通算せず，翌年の事業所得から控除することが妥当であると，筆者は考えた。しかしながら，暦年での損益通算をしない場合の問題点も生じる可能性もあるため，結びとして，若干の考察を行いたい。

　暦年課税の原則は，課税計算上の技術的問題から形式的・画一的に設定されたものであると述べた。しかしながら，損益通算制度は，各人の暦年での担税力を調整しようとするものである点においても，事実である。仮に，副業サラリーマンが事業所得において投資に対するリターンを得られていない状態，つまり損失を計上している場合，その赤字部分は給与所得で得た所得により補填

されていることが多い。そういった場合に，損益通算を認めないことは，担税力の観点からすると不合理に働くとも考えられる。

　また，損益通算の可否は，所得がどの年度に帰属するかに影響を及ぼす。その問題点は，下記の３点にあると考えられている[26]。

① 税制の頻繁な改正がある場合には，年度により所得税率が異なる可能性があるため，どの年度の所得と認定されるかは重要である点。

② 累進課税のもとでは所得を多くの年度に分散し，平準化したほうが実質的な税負担は減少する点。

③ 一般的に，納税は先送りするほど実質的な負担は少なくなる。例えば，納税が遅くなる場合，その期間につき果実（利子）が生じることになると言われている点。

　暦年課税は技術的なものであると述べた一方で，上記のように，どの年度にどの所得が帰属するかで税率や実質的な負担が異なることから，所得の年度帰属は重要な論点となっている。そのため，損益通算の可否について，この点においても考慮した上で検討が必要であると考える。

　本稿では事業所得から生じた損失について，主に給与所得と損益通算することを前提に検討したが，他の損益通算可能な所得との通算に関しても検討の必要があると考える。

　例えば，不動産所得については，改正により事業所得から不動産所得として独立したものであるため[27]，事業所得と不動産所得は非常に密接な存在であると考えることができる。そのため，事業所得から生じた損失は，不動産所得から生じた所得と損益通算することは，妥当性があるのではないかと考えられる。

　昨今，マネーリテラシー系のインフルエンサーを中心に，SNSにて節税情報などを発信する様子が散見されている。少なからず有益なものもあるが，簡潔で分かりやすい文面によるものが多いことから，受け取り側が間違った解釈をする可能性も十分にあり得る。また，これらのインフルエンサーを模倣して情報発信する者も多く，間違った解釈のまま２次情報として拡散してしまう

ケースも多々ある。そのため，SNS 等で得た情報により，損益通算を利用して税額を圧縮しようとする者の多くは，悪気があって行っているものとは考えにくい。

　SNS 等で情報を収集しやすい世の中になったが，個人レベルでは情報が真のものであるか判断する審美眼が必要である。また，税制に関しても，時代に合わせたブラッシュアップが必要であると，筆者は考える。

【注】

1）一般社団法人　日本経済団体連合会 HP　https://www.keidanren.or.jp/policy/2022/090.pdf（2023 年 7 月 17 日アクセス）

2）金子　宏『租税法（第 24 版）』（有斐閣・2021 年）221 頁。

3）図子善信『新租税法論』（成文堂・2018 年）283 頁。

4）金子・前掲注 2，243 頁。

5）収益と費用の期間対応については，「収益を得るために直接要した」ものがその要件となっているため，収益の実現についてはその定めがない。収益を得るために直接必要で，かつ債務が確定していれば，収益を計上する前でも費用の計上は可能である。つまり，赤字が先行して事業所得がマイナスとなることは，制度上，十分に有りうる。

6）水野忠恒『大系租税法（第 3 版）』（㈱中央経済グループ・2021 年）317 頁。

7）植松守雄『四訂版 注解所得税法』（財団法人大蔵財務協会・2005 年）403 頁。

8）国 税 庁 HP　https://www.nta.go.jp/law/tsutatsu/kihon/shotoku/kaisei/221007/pdf/02.pdf（2023 年 7 月 17 日アクセス）

9）金子・前掲注 2，206 頁。

10）高倉明「損益通算制度について―タックス・シェルターへの対応を含めて―」税務大学校論叢 52 号 202 頁，2006 年 6 月。

11）一杉　直『平成 21 年増補改訂 所得税法の解釈と実務』（財団法人大蔵財務協会・2009 年）711 頁。

12）水野忠恒「損益通算制度」日税研論集 第 47 号 10 頁，2001 年 5 月。

13）岸田貞夫他『現代税法の基礎知識（八訂版）』（株式会社ぎょうせい・2009 年）39-38 頁。

14）谷口勢津夫『税法基本講義 第 3 版』（株式会社弘文堂・2012 年）340 頁。

15）谷口・前掲注 14，340 頁。

16）金子・前掲注 2，436 頁。

17）水野・前掲注 6，335 頁。

18）植松・前掲注 7，976 頁。

19）なお，本稿においては，主に給与所得と事業所得（雑所得）を有する副業サラリーマン

を前提として，事業所得の損益通算の可否について検討する。

20）木村弘之亮『租税学法　初版』（株式会社税務経理協会・1999 年）227-228 頁。

21）木村・前掲注 20，266 頁。

22）水野・前掲注 6，334 頁。

23）木村・前掲注 20，208 頁。

24）木村氏は所得税の債務関係について「所得税の債務関係は，出生にはじまり，そして死亡をもって終了する（民法 1 条の 3)。」と述べている。木村・前掲注 20，199 頁。

25）中里　実「必要経費（費用等）の年度帰属―包括的所得概念と時価主義―」日税研論集第 31 号 204 頁，1995 年 5 月。

26）水野・前掲注 6，299 頁。

27）米村忠司「不動産所得における事業に関する一考察―事業に満たない業務との関係を中心に―」税務大学校論叢 78 号 160 頁，2014 年 6 月。

─── 第 **6** 章 ───

軽減税率と標準税率の線引きの困難性について

小池和彰

はじめに

　2019年10月から，低所得者対策として，軽減税率が導入されている。消費税率が8％から10％に引き上げられ，それに伴い，消費税率が上がるほど，裕福な納税者の消費税の負担率が減少するといういわゆる消費税の逆進性問題に対処するために軽減税率は導入されている。

　しかしながら，軽減税率には問題も多い。例えば，軽減税率は，税の中立性を損なう。単一税率であれば，同一価格に同一の消費税率が課税されるので，消費税が消費者の行動に影響を与えることはない。しかし軽減税率が適用になると，消費者は，店内飲食にするか，それともテイクアウトにするかを選択することになり，消費税が消費者の行動に影響を与えてしまう。

　また，軽減税率適用かそれとも標準税率適用かという線引きを行わなければならないが，その線引きが難しいという問題がある。軽減税率が適用となるのは，一定の要件を満たす飲食料品と新聞であり，その取扱いルールは複雑である。ここにいう飲食料品とは，食品表示法に規定する食品である。軽減税率の対象品目である「飲食料品」とは，食品表示法に規定する食品[1]（酒税法に規定する酒類を除く。以下「食品」という。）をいうとされている（改正法附則 34 ①一）。

　飲食料品には，酒税法に規定する酒類は除かれる。またここでの食品には，医薬品や医薬部外品は除かれ，また外食やケータリングは，軽減税率の対象となる飲食料品には含まれない。なお，食品衛生法に規定する添加物は含まれ

る。

　軽減税率の適用となる飲食かそうでないかの区分は，容易ではない。たとえば，リポビタンＤとオロナミンＣは，見た目はそう変わらないが，一方は標準税率で，他方は軽減税率になる。テイクアウトと店内飲食も同様であり，お店で購入者がテイクアウトでお願いしますといいながら，店内で飲食している場合，いったいどうなるのかという問題も当初はよく議論された。

　新聞に関しても問題があり，定期購読だと軽減税率が適用になるが，コンビニで購入した場合には定期購読ではないので，軽減税率は適用にはならない。インターネットで購入した新聞は対象にならないとのことであるが，紙ベースでもネットベースでも新聞は新聞ではないのか。インターネットでも定期購読していれば，新聞なのであるから，軽減税率適用になると考えるのが自然ではないか。そもそもなぜ軽減税率が新聞に適用されるかという問題もあろう。

　軽減税率と標準税率の区分は，恣意性を伴う。何かの物差しを用いて，軽減税率が適用になるか，それとも標準税率が適用になるかを決めなければならないが，どうしても矛盾が生じてしまう。代表的な例として，マークス＆スペンサー事件がよく挙げられる[2]。1973 年にイギリスで付加価値税が導入されて以来，税務長官（commissioner）は，マークス＆スペンサー社が販売しているチョコレートでおおわれたティーケーキは，ケーキではなく，ビスケットであり，ゼロ税率ではなく，標準税率で課税されなければならないという見解を取ってきた。

　しかし 1994 年の手紙で，税務長官は，ティーケーキはケーキであり，ゼロ税率が適用になると誤りを認めた。1995 年マークス＆スペンサー社は 21 年分の 3.5 億ポンドの過払税額の返還を求めた。税務長官は過払税額のうち 90％は，顧客に転化されているのだから，3.5 億ポンドの 10％だけ返還するとしたため，訴訟になった。この訴訟は，国内裁判所から欧州裁判所までおよび，マークス＆スペンサー社が勝訴している。

　ティーケーキは，ケーキであれば軽減税率であり，ビスケットであれば標準税率になるから，その線引きが重要になるが，そもそもティーケーキは，ケーキとビスケット双方の要素を持つのであろう。その線引きは困難であることは

当然である。

　西山由美氏も，このイギリスの論争に関して，付加価値税の複数税率の典型的な弊害として問題視している[3]。「このような一見他愛もない事柄について，国内裁判所のみならず欧州司法裁判所において，13 年以上にわたって 350 万ポンド（約 4 億 8,000 万円）の攻防を続ける。これは，消費税の複数税率構造がもたらす典型的な弊害である。」。

　これから見ていくように，わが国でも軽減税率と標準税率の線引きに関して，消費者が容易に判断できない事例が多くある。本稿では，軽減税率適用かそれとも標準税率適用になるのかという判断がいかに困難であるかを個別の事例を参考にして明らかにしたい。

　なお，本稿は，東北学院大学経営・会計論集第 27 号，2022 年 7 月に資料として掲載されたもの「消費税の軽減税率に関する分類の問題」を，加筆修正したものである。

I．軽減税率と標準税率の区分

　軽減税率対象品目は，主として飲食料品であり，他に定期購読される新聞が対象とされている。上記の店内で飲食するとは，いわゆる外食に該当する。外食とは，食品衛生法施行令 35 条 1・2 号に規定する飲食店営業及び喫茶店営業並びにその他の飲食料品をその場で飲食させる事業を営む者が行う食事の提供のことをいう（平成 28 年改正法附則 34 条 1 項一イ）。

　このいわゆる外食に該当すると，軽減税率は適用されず，標準税率が適用される。例えば，レストラン，喫茶店，食堂，フードコート等での食事の提供が該当する。

　これに対して，飲食料品を持ち帰りの容器に入れ，又は包装を施して行う譲渡，いわゆるテイクアウトは外食には含まれない（平成 28 年改正法附則 34 条 1 項一イ）。

　飲食料品を提供する事業者と何ら関連のない公園のベンチ等の設備は，事業者から飲食料品を購入した顧客がその公園のベンチ等を飲食に利用した場合で

あっても，飲食設備には該当しない（個別 Q&A 問 2）ので，軽減税率が適用される。

またいわゆるケータリングには標準税率が適用される（平成 28 年改正法附則34 条 1 項−ロ）。ケータリングとは，相手方の指定した場所において行う加熱，調理または給仕等の役務を伴う飲食料品の提供のことをいう（平成 28 年改正法附則 34 条 1 項−ロ）。

次の図の軽減税率の対象となる飲食料品のイメージでは，真ん中の上の部分に位置している。また左下の若干はみ出した部分に，一体資産というものがある。これは，食品と食品以外の市区品以外の商品があらかじめ一の資産を形成し，または構成しているもので，以下の①，②の条件を満たし，その一体資産としての価格のみが提示されているものをいう（平成 28 年改正令附則 2 条 2 号）。

① 一体資産の譲渡の対価の額（税抜価額）が 1 万円以下であること
② 一体資産の価額のうちに当該一体資産に含まれる食品に係る部分の価額に占める割合として合理的な方法により計算した割合が 2/3 以上であること

しかしながら，上記の二つの一体資産の条件を満たしていれば，その販売は，飲食料品の譲渡に該当し，軽減税率の対象になるが，①，②の条件を満たさなければ，一体資産とはならず，軽減税率が適用されない。

いわゆる食玩がその典型例として挙げられる。食玩は，食品と食品以外の商品がまとめて販売されるものであり，飲食料品のみで商品全体が構成されているわけではないので，原則としては，軽減税率の対象となるものではないが，上記二つの条件を満たせば，一体資産に該当し，軽減税率が適用される。

また例えば，洋菓子等が高級容器に入れられて販売される場合があるが，洋菓子より専門容器の方が高価で洋菓子の価格が 2/3 以上にならない場合は，一体資産にならないので，飲食品等の譲渡にはならず，標準税率が適用になる（個別 Q&A 問 65）。

次に，軽減税率が適用される新聞について考えてみたい。

軽減税率が適用される新聞には，いわゆるスポーツ新聞や各業界紙，日本語

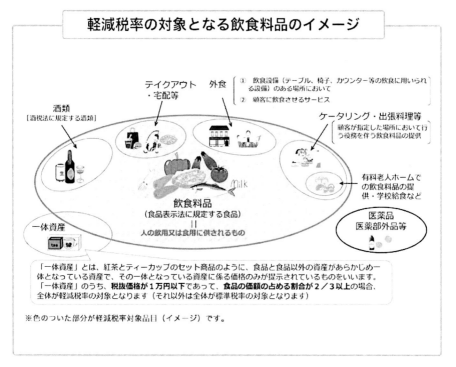

出所：財務省ホームページ：https://www.mof.go.jp/tax_policy/summary/consumption/d02.htm

　以外の新聞も，政治，経済，社会，文化等に関する一般社会的事実を掲載する１週に２回以上発行する新聞定期購読契約に基づき譲渡される場合には，軽減税率が適用される（個別Q&A問71）。

　ここにいう定期購読契約とは，その新聞を購読しようとする者に対して，その新聞を定期的に継続して供給することを約する契約をいうとされている（平成28年改正法附則34条１項２号）。

　週２回以上発行されない新聞や駅・コンビニエンスストア等で販売され定期購読契約に基づかない新聞の譲渡は，軽減税率の適用対象とはならない（個別Q&A問72）。

　また，インターネットを通じて配信する電子版の新聞は，軽減税率の適用対象とならない。これはインターネットを通じて配信される電子版の新聞は，新聞の譲渡ではなく，電気通信利用役務の提供に該当するためである（個別Q&A 問 74）。

　軽減税率が適用される新聞あるいは，適用されない新聞の線引きがあいまいである。また，そもそも新聞に軽減税率が適用されるのも問題がある。後でもう少し詳しく論じたい。

Ⅱ．軽減税率の線引きに関する問題点

　軽減税率が適用されるかそれとも標準税率が適用されるかは，購入者本人の意思表示による。

　塚部博崇氏・中山幸則氏は，軽減税率と標準税率が購入者の意思表示であることを次のように説明している[4]。「例えば，ケーキ屋さんで買ったケーキを持ち帰れば軽減税率の対象となるが，買ったケーキを店内で飲食すると標準税率が適用される。軽減税率又は標準税率が適用されるかはケーキを購入する際に店員に店内で飲食するかどうかの明示を行ったかで適用税率が変わる。」

　さて，食事の場合，持ち帰れば軽減税率の対象となるが，店内で飲食すれば標準税率となる。となれば，持ち帰りを選択しようとする人が増えるのは当然ではないか。

　税制は中立であることが望ましく，人々の行動に変化を与えないのが望ましい。しかし複数税率ということになると，人々の行動に影響を及ぼしていることは間違いない。軽減税率は，人々の行動に影響を与える制度であり，この意味で望ましくない。

　「ホットペッパーグルメ外食総研」が 2018 年に行った調査によれば，飲食時に 8％と 10％の差を気にすると答えた人が，67.4％いたという[5]。「現状予定されている軽減税率は，外食・酒類を除く飲食料品（惣菜など加工品を含む）に適用されることを示した上で，飲食時に税率 8％と 10％の差である 2％を気に

するかという質問をした。全体では「気にする」と「やや気にする」の合計は67.4％であった。」

　一体資産に関しても問題がある。一体資産というと，ハンバーガーのセット商品が典型的な例として想起されるだろう。例えば，ハンバーガーとドリンク，おもちゃがセット価格500円で販売されていたとする。あくまでセット価格なので，区分は難しそうである。

　しかしながら，軽減税率の適用になる一体資産の条件として，一体資産の価額のうちに当該一体資産に含まれる食品に係る部分の価額に占める割合として合理的な方法により計算した割合が2/3以上であることという条件が付いているので，とにかく評価しなければならない。

　さて，ハンバーガーの売価300円，ドリンクの売価が250円であるとすると，セット商品の販売価格500円から，売価の合計額＝ハンバーガーの売価300円＋ドリンクの売価250円＝残額はマイナス50円となり，非売品のおもちゃの売価を0円とすることもできるとされる（個別Q&A問89）。

　一体資産の価額のうちに当該一体資産に含まれる食品に係る部分の価額に占める割合として合理的な方法により計算した割合が2/3以上であることという条件を満たすためには，非売品なのだから，おもちゃは評価ゼロで，したがって食品部分が2/3以上という説明は合理性がある。

　しかしながら，現実にはハンバーガーとドリンクよりも，おもちゃが魅力で購入するのではないか。それゆえ，おもちゃは非売品，それで売価0というのは，常識的ではない。

　1万円以下の判定単位についても言及する必要があろう。販売価格1万円に関しては，1個単位で考えるのか，それとも一体資産という1セット単位で判定されるのかという問題があるが，1セット価格で判定されることになっている（個別Q&A問77）。

　新聞の軽減税率に関する問題もあるだろう。日本新聞協会は，次に示すように，2013年1月15日に新聞，書籍，雑誌について軽減税率の適用を求める声明を出している[6]。「日本新聞協会は，新聞，書籍，雑誌には消費税の軽減税率を適用するよう求める。知識への課税強化は国の力を衰退させかねない

ほか，欧州では民主主義を支える公共財として新聞などの活字媒体には課税しないという共通認識がある。民主主義社会の健全な発展と国民生活に寄与する新聞を，全国どこでも容易に購読できる環境を維持することが重要である。」

さらには，2012年11月に実施した調査では，8割を超える国民が軽減税率の導入を求め，そのうち4分の3が新聞や書籍にも軽減税率を適用するよう望んでいるとしている[7]。

民主主義を支える公共財と新聞を称しているが，かつてと異なり新聞を読む人口は明らかに減り，ネットニュースで済ます人が増えており，正の外部性はあるだろうが[8]，民主主義を支える公共財というのは言い過ぎではないか。また知識への課税強化が国力を衰退させるというのは極論ではないか。

もっとも新聞を優遇して軽減税率を適用することを肯定する背景は国によって異なる[9]。例えば，イギリスでは知識には課税しないという考え方から維持されているが，フランスでは，フランス語自体を守るという観点から軽減税率が維持されており，スウェーデンでは，日刊新聞紙上の多様性を維持するために，経済的基盤の弱い新聞社を助成するという政策的な配慮から，軽減税率が維持されているという。

定期購読される新聞のみが軽減税率対象というのも問題ではないか。駅の売店やコンビニで新聞を購入しても，それは定期購読ではないという理由で軽減税率の適用対象にはならない。民主主義社会の健全な発展と国民生活に寄与しているという理由で新聞が軽減税率適用になるのであれば，駅の売店やコンビニで新聞を購入しても軽減税率が適用されるべきではないだろうか。

そもそも軽減税率は，低所得者対策のため設けられたものではないか。今や新聞を読む層というのは裕福な層であり，低所得者は新聞を読まない傾向がある。新聞を優遇して，軽減税率を適用するのはどうなのか疑問が残るところである。

金井恵美子氏は，このことについて，同様の見解を示し，新聞に対して軽減税率を認めることに疑問を呈している[10]。「新聞が安価で入手できることの意義は大きいと思われる。

　しかし，所得の高い層ほど，複数の新聞を購読しているであろうし，雑誌購入も同様であろう。新聞や雑誌に軽減税率を適用した場合には，食料品以上に，高所得者に与える恩恵の度合いが増すものと考えられる。」

　そもそも軽減税率は富裕層も適用になるから，逆進性対策として問題がある。塚部博崇氏・中山幸則氏は次のように述べている[11]。「軽減税率制度は，購入した物品自体で軽減税率の適用を行うか判断するため購入する側の所得金額は関係していない。そのため高所得者であっても軽減税率が適用される場合があり低所得者との逆進性が広がったと考えられる。」

　さて，次の表は[12]，標準税率と食料品に適用されている軽減税率に関する国際比較を表したものである。イギリスとアイルランドではゼロ税率が適用されているが，他のヨーロッパの国々では，わが国よりも軽減税率は高い。その理由としては，わが国と比べて，もともと標準税率が高いという理由があると思われる。

　食料品のような需要の価格弾力性が低い財に対して，標準税率が適用されるのが理想である。しかし現実には，食料品にゼロ税率や軽減税率が適用されている。この分類は経済合理性の観点からは問題がある。これに関しては，食料品という財が生命に関して本質的（life's essentials）であるということと，貧しい層が，これらの基本的な財に，彼らの所得をつぎ込むことになるからであるとマーリーズ・レビュー（The Mirrlees Review）は説明している[13]。

むすび

　軽減税率適用かそれとも標準税率適用かという線引きは本稿でみてきたように難しい。

　例えば，酒税法に規定する酒類は，軽減税率の適用対象である飲食料品から除かれている。酒類の販売は，軽減税率の適用対象とはならない（平成28年改正法附則34条1項1号）。ノンアルコールビールは，酒税法に規定する酒類に該当しないので，飲食料品に該当し，軽減税率の適用になる。みりんや料理酒等が酒税法に規定する酒類に該当する場合には，飲食料品に該当しないので，軽

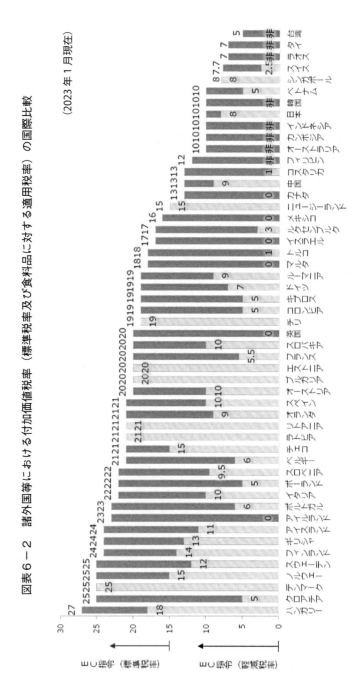

図表 6 − 2　諸外国等における付加価値税率（標準税率及び食料品に対する適用税率）の国際比較

（2023 年 1 月現在）

注1) 上記は、原則的な取扱いを示したもので、代表的な品目に対する税率のみを記載しており、品目によっては税率が変わることに留意が必要。なお、新型コロナウイルス感染症に伴う措置として、時限的に税率の引下げや軽減税率の対象品目の拡大等を実施している場合がある。

注2) 上記中、が食料品に係る非課税対象となる国である。「0」と記載のある国は、食料品が適用税率が適用されてゼロ税率が適用される国である。なお、食料品は、食料品・ゼロ税率の適用及び非課税対象とされる食料品の範囲は各国ごとに異なり、食料品によっては上記以外の取扱いとなる場合がある。

注3) 日本については、10%（標準税率）のうち22%、8%（軽減税率）のうち1.76%は地方消費税（地方税）である。

注4) 現行のEC指令においては、ゼロ税率及び5%未満の軽減税率は否定する考え方が採られている（1991年時点でこれらを施行していた国は、引き続き適用することができる）。なお、令和3年12月、EU経済・財務相理事会において、特定の品目について①軽減税率の適用品目の拡大及び②ゼロ税率及び5%未満の軽減税率を認める旨を盛り込んだ改正指令が合意され、今後、欧州議会における協議等を経て正式に発行することとされている（令和3年12月7日欧州委員会プレスリリース）。

注5) ベルギー、クロアチア、キプロス、ギリシャ、イタリア、ルーマニア、スロベニアについては2021年1月時点の数字。

注6) カナダについては、①連邦税である財貨・サービス税のみ課されている州、②財貨・サービス税に加えて、州税としての付加価値値税も課されている州、③連邦・州共通の付加価値税が課されている州がある。表中では③の類型であるオンタリオ州の付加価値税率を記載（連邦・州共通の付加価値税13%（うち州税8%））。

注7) ポーランドにおいては、本則税率は22%、7%、5%の3段階であるが、財政状況に応じて税率を変更する旨の規定があり、現在は特例として23%、8%、5%の税率が適用されている。

注8) 米国では、連邦における付加価値税は存在しないが、地方税として、売買取引に対する小売売上税が存在する（例：ニューヨーク市の合計8.875%）

出所：OECD資料、欧州委員会及び各国政府ホームページ、州政府及びニューヨーク市のホームページ、IBFD等。

減税率の対象にはならないとされている（個別 Q&A 問 14）。もっとも，酒税法に規定する酒類に該当しないみりん風調味料（アルコール分が一度未満のものに限られる。）は，飲食料品となり軽減税率の対象になる。酒税法に規定されていれば，飲食料品ではなく，お酒であり，軽減税率の対象にはならないというのは，あまりに形式的な基準ではないか。なぜなら，みりんや料理酒をお酒として飲む人はまずいない。

水に関して，ミネラルウオーターは飲食に使われるのが明らかなので軽減税率適用だが，普通の水道水はお風呂や洗濯，食器洗いに使えるという理由で標準税率の適用になる（個別 Q&A 問 8）。この観点による分類なら，みりんは酒税法ではお酒でも，実際には酒として飲まれることはないので，軽減税率が適用されることになるのではないか。

医薬品，医療機器等の品質，有効性及び安全性の確保に関する法律に規定する医薬品，医薬部外品，及び再生医療等製品（以下医薬品等という。）は，食品に該当しない（平成 28 年改正法附則 34 条 1 項 1 号）。先に示した図では，軽減税率の楕円形の枠から完全に外れて，右下にはみ出ている。これらの製品は，軽減税率の対象にはならない（個別 Q&A 問 22）。医薬品等に該当しない栄養ドリンクの販売は，軽減税率の対象になる。であるから，ファイト一発で有名なリポビタンＤは，医薬部外品なので，標準税率，オロナミンＣは，医薬品等ではないので，軽減税率適用になる（個別 Q&A 問 23）。

しかしながら，リポビタンＤもオロナミンＣも見た目は，ほとんど変わらない。酒税法におけるみりんに標準税率が適用されているように，リポビタンＤも医薬部外品だという形式的な基準で標準税率が適用されているに過ぎない。

もっとも，軽減税率と標準税率という複数税率を用いることにしたため，どこかで線を引かなくてはならないから，仕方がないところがあるのは否めない。

【注】

1)「この法律において『食品』とは，全ての飲食物（医薬品，医療機器等の品質，有効性及び安全性の確保等に関する法律（昭和三十五年法律第百四十五号）第二条第一に規定する医薬品，同上第二項に規定する医薬部外品及び同上第九項に規定する再生医療等製品を除く，食品衛生法第 4 条第二項に規定する添加物（第四条第二項に規定する添加物）第四条第一項第一号及び第十一条において単に『添加物』という）を含む」をいう」食品表示法第 2 条 1 項。

2) Case C-309/06, Marks & Spencer Plc v Commissioners of Customs and Excise［2008］ECR I‐2283.

3) 西山由美「消費税における複数税率構造の問題点―欧州司法裁判所の最近の判例を素材として―」東海法学 44 号，102 頁 2010 年。

4) 塚部博崇・中山幸則「消費税における軽減税率の問題点と改善策」新潟大学紀要 27 号 4 頁，2021 年 3 月。

5) https://www.hotpepper.jp/ggs/wp-content/uploads/2018/12/f54a950031b16492d5a06f7e4f43ee90.pdf

6) *https://www.pressnet.or.jp/about/keigen*

7) https://www.pressnet.or.jp/statement/pdf/keigen_zeiritsu.pdf

8) 矢野英利「第 6 章複数税率のあり方をどう考えるか―欧州とフランスの経験から―」矢野英利・橋本恭之・上西左大信・金井恵美子共著『消費税の軽減税率の検証』（清文社・2014 年）

9) 前掲注（6）

10) 金井恵美子「軽減税率に関する問題」『消費税　軽減税率の検証』（清文社・2014 年）72 頁。

11) 塚部．・中山前掲（4）注 4-5 頁。

12) https://www.mof.go.jp/tax_policy/summary/itn_comparison/j04.htm#a01.

13) James Mirrlees and others ed., Tax by Design The Mirrlees Review. 156（Oxford: Oxford University Press for Institute for Fiscal Studies, 2011).

―――― 第 **7** 章 ――――

租税法における文理解釈の重要性

古内義人

はじめに

　法令は，その要件，効果等が抽象的に書かれている[1]。これは，法令が具体的に書かれていればいるほど，その法令の適用範囲が限定されてしまい，事象が発生する度に，法令を無数に作成しなければならなくなるといった問題が発生するのを防ぐためである。

　そして，法令が抽象的に書かれているからこそ，具体的な事件があったときには，その具体的事件に，抽象的に書かれた法令を当てはめ，その法令が適用できるかどうか，その内容を分析・検討する解釈という作業が必要となる[2]。したがって，どのような法令でも，多かれ少なかれ法令の解釈は必要になるのである[3]。

Ⅰ．法令解釈の種類

　法令の解釈は，一般的に，条文をその文言通りに解釈する文理解釈が原則（文理解釈の原則）であると考えられている[4]。

　これは，成文法が理想的にできている場合には，その文字，文章の意味を辿って解釈すれば，その真意を把握することができるものであり，また，法令立案者も，立案にあたって，そのいわんとするところを正確に表現しようと法文上も用語上も細心の注意を払って立案しているためである[5]。

　しかし，裁判等の法令解釈においては，文理解釈の原則が厳格に貫かれることはなく，法律の趣旨や目的を考慮した目的論的解釈（趣旨解釈）や，条文の意味が限定される限定解釈，条文の意味を拡張する拡大解釈，類似する規定を適用する類推解釈も行われている[6]。

　これは，①社会・経済事象は極めて複雑で変転きわまりないものであるのに対し，成文法はある程度固定性を有するものであり，その変化に追い付けない面があること[7]。②法令は，その性質上，一般的，抽象的な定め方をせざるを得ないので，その規定が個々の具体的な現象に適合するかどうかについて検証する必要があること[8]。さらに，③文字，文章の表現力には限度があること[9]。という理由により，法令の文字，文章の解釈だけでは満足な結果を得ることができず，その法令の文字，文章の表現から離れても，法令の趣旨，目的に従って解釈しなければならないことがある[10]ためである。

Ⅱ．租税法で認められる解釈

　では，租税法の解釈においても，民法などの一般法の解釈と同様に，文理解釈を原則としつつも，目的論的解釈（趣旨解釈）や，限定解釈，拡大解釈，類推解釈が許されるのであろうか。

　この点について，租税法は侵害規範であり，法解釈における法的安定性の要請が他の法令解釈よりも強く働くため，解釈は厳格な文理解釈によるべきである[11]とされている。

　この厳格な文理解釈の要請は，同じく侵害規範である刑法の解釈とも似ているところがある[12]。刑法は，国家による人権侵害が合法的に行われることを許容した法律であるため，犯罪や刑罰を法律で明確に定めるべきことや，類推解釈の禁止などの命題が導かれる（罪刑法定主義）[13]。

　租税法も，憲法 29 条[14]で国民に保障された財産権を合法的に侵害し，強制的に租税の徴収を行うことを定めた法律であるため，租税法の解釈には文理解釈が徹底される必要があり，文言から読み取れないような趣旨目的を考慮した解釈を行うことは，原則として許されないとされている[15]。

　この点について，増田英敏氏は次のように指摘している。「租税法の解釈が
なぜ文理解釈により厳格になされるべきかと言えば，それは租税法が侵害規範
であり，そうであるがゆえに租税法律主義により課税庁の恣意的課税を防止す
るということを憲法が命じているのであるからその租税法律主義の要請を形骸
化させないために文理解釈により厳格な法解釈がなされるべきなのである。」
もっとも，租税法も法律であることから，条文の文言は，一般的抽象的になら
ざるを得ない側面があり，文言のみでは意味内容を読み取れない場合もある[16]。
また，厳格な文理解釈の要請が働くとはいえ，租税法の条文にも趣旨目的は存
在しており，趣旨目的と親和的な解釈がなされるべき要請も否定できない[17][18]。

　この点については，木山泰嗣氏は次のように述べている。「税法の解釈にお
いては，文理解釈の原則をどこまで徹底するのかという問題がしばしば起きま
す。一般の法解釈以上に厳格に文理解釈を徹底するべき要請は強いのですが，
その文言のみでは意味内容が読み取れない場合もあります。その規定の趣旨目
的と親和的な解釈がなされるべき要請も，法である以上否定することはできま
せん。」[19]

　では，租税法において許容される法解釈は，どのようなものであろうか。次
節以降では，厳格な文理解釈がなされた事例，趣旨解釈がなされた事例，限定
解釈がなされた事例を検討し，最高裁判所の判例における租税法解釈の態度を
分析することにする。

Ⅲ．厳格な文理解釈がなされた事例

　租税法の解釈を厳格な文理解釈で貫いた事例が次のホステス報酬事件であ
る[20]。

　この事件に対し，初めに東京地裁は，「所得税法施行令 322 条の「当該支払
金額の計算期間の日数」の意義についてみると，ホステス等の個人事業者の場
合，その課税所得金額は，その年中の事業所得に係る総収入金額から必要経費
を控除した金額（所得税法 27 条 2 項）であるから，源泉徴収においても，「同一
人に対し 1 回に支払われる金額」から可能な限り実際の必要経費に近似する額

を控除することが，ホステス報酬に係る源泉徴収制度における基礎控除方式の趣旨に合致するというべきである。そして，本件のように，報酬の算定要素となるのが業務上の拘束を受ける日（本件においては，業務上の拘束を受けていたとしても，欠勤した場合には当該欠勤日における報酬が支払われないこととなるので，実際の出勤日と同義である。）における勤務時間である場合には，当該拘束日（出勤日）についてのみ稼働に伴う必要経費が発生するととらえることが自然であって，これによるのが，非拘束日（非出勤日）をも含めた本件各集計期間の全日について必要経費が発生すると仮定した場合よりも，実際の必要経費の額に近似することになるものと思われる。よって，所得税法施行令 322 条の「当該支払金額の計算期間の日数」とは，「同一人に対し 1 回に支払われる金額」の計算要素となった期間の日数を指すものというべきである。そして，本件事案における契約関係を前提とした場合，本件各ホステスに係る所得税法施行令 322 条の「当該支払金額の計算期間の日数」とは，本件各集計期間の日数ではなく，実際の出勤日の日数であるということができる。」[21)] として，ホステス報酬に係る源泉徴収制度における基礎控除方式の趣旨から，当該支払金額の計算期間の日数とは，本件各集計期間の日数ではなく，実際の出勤日の日数であると判決した。

　さらに，控訴審で東京高裁は，「控訴人らは，租税法の解釈に当たっては文理解釈に徹すべきであり，一般に理解されている「期間」の意義や租税法中の文言例に照らしても，施行令 322 条の「当該支払金額の計算期間の日数」は当該期間の全日数と解すべきである旨主張する。しかし，法令の解釈に当たり，原則として文理解釈に徹すべきであるにせよ，法令の文言を変動するあらゆる社会事象に余すところなく対応させることなど立法技術上不可能であるから，当該法令の趣旨・目的を十分に参酌した上で，その法令の文言の解釈を行うべきものであることは，一般に法令の解釈において基本的な遵守事項とされているのであり，このことは租税法令の解釈においても何ら異なるところはない。そして，法におけるホステス報酬等の源泉徴収制度の趣旨・目的をも参酌した上で上記法条を解釈すれば，本件各集計期間のうち本件各ホステスの実際の出勤日数と解すべきことに合理性があることは前記引用に係る原判決説示のとお

りである。なお，こうした解釈は，「期間」という文言から受ける印象からは外れるところがあるようにも感ぜられなくもないけれども，上記の文理解釈の範囲を逸脱するようなものであるとはいえない。したがって，控訴人らの上記主張は採用できない。」[22] として，源泉徴収制度の趣旨・目的を考慮した解釈を行い，期間という文言を実際の出勤日とする判決を行った。

しかし，この判決に対し最高裁判所は，「一般に，「期間」とは，ある時点から他の時点までの時間的隔たりといった，時的連続性を持った概念であると解されているから，施行令322条にいう「当該支払金額の計算期間」も，当該支払金額の計算の基礎となった期間の初日から末日までという時的連続性を持った概念であると解するのが自然であり，これと異なる解釈を採るべき根拠となる規定は見当たらない。原審は，上記4のとおり判示するが，租税法規はみだりに規定の文言を離れて解釈すべきものではなく，原審のような解釈を採ることは，上記のとおり，文言上困難であるのみならず，ホステス報酬に係る源泉徴収制度において基礎控除方式が採られた趣旨は，できる限り源泉所得税額に係る還付の手数を省くことにあったことが，立法担当者の説明等からうかがわれるところであり，この点からみても，原審のような解釈は採用し難い。そうすると，ホステス報酬の額が一定の期間ごとに計算されて支払われている場合においては，施行令322条にいう「当該支払金額の計算期間の日数」は，ホステスの実際の稼働日数ではなく，当該期間に含まれるすべての日数を指すものと解するのが相当である。」[23] として，下級審の判決を取り消し，施行令322条にいう「当該支払金額の計算期間」とは当該期間に含まれるすべての日数を指すという判決を行った。

租税法の解釈は，厳格な文理解釈の要請の下，他の法令よりも文理解釈の原則が徹底されなければならず，東京地裁，東京高裁が行った文言の意味を離れた趣旨解釈は，租税法の解釈としては基本的に許されない解釈である。そのため，最高裁判所は下級審判決を取り消して，文理解釈を徹底した判決を行ったのである。

この点について，木山泰嗣氏は以下のように述べている。

「税法の解釈においては，（中略）厳格解釈の要請の下で，文理解釈の原則が

他の法令よりも徹底されなければなりません。（中略）ホステス源泉徴収事件の下級審の判断が行ったよう所得税法施行令 322 条の「計算期間の日数」をホステスの稼働日数（出勤日数）に限るという解釈も，限定解釈（縮小解釈）となり，基本的に許されない解釈になるはずです。だからこそ，最高裁平成 22 年判決は，このような解釈を行った原判決を取り消して，文理解釈を徹底した判断を行ったのです。」

Ⅳ．趣旨解釈がなされた事例

　租税法の解釈は厳格な文理解釈の要請が強く働くものの，例外的に趣旨解釈した事件が，次の法人負担保険料事件[24]である。

　この事件に対し，最高裁判所は，「本件支払保険料のうち本件保険料経理部分は，所得税法 34 条 2 項にいう「その収入を得るために支出した金額」に当たるとはいえず，これを本件保険金に係る一時所得の金額の計算において控除することはできないものというべきである」[25]として，規定の趣旨目的を考慮し，所得控除できる金額は，本人が負担した保険料に限られ，法人が負担した保険料は含まないとした[26]。

　この判決は，一見，厳格な文理解釈の要請を離れて，趣旨解釈をしているように見えるが，注にある須藤正彦裁判官の補足意見[27]を見ると，当該判決は，規定の趣旨目的を考慮した解釈をしているものの，その解釈は文言の範囲内に収まるように[28]留意されていることが分かる。

　すなわち，趣旨解釈をした判決ではあっても，やはり，租税法の解釈は厳格な文理解釈によるべきであるという原則が考慮された判決となっているのである。

Ⅴ．限定解釈がなされた事例

　例外的に限定解釈を容認した事件としては，以下の相続税延滞税事件[29]がある。

　この事件に対し，最高裁判所は，「本件の場合において，仮に本件各相続税について法定納期限の翌日から延滞税が発生することになるとすれば，法定の期限内に本件各増差本税額に相当する部分を含めて申告及び納付をした上告人らは，当初の減額更正における土地の評価の誤りを理由として税額を増額させる判断の変更をした課税庁の行為によって，当初から正しい土地の評価に基づく減額更正がされた場合と比べて税負担が増加するという回避し得ない不利益を被ることになるが，このような帰結は，法60条1項等において延滞税の発生につき納税者の帰責事由が必要とされていないことや，課税庁は更正を繰り返し行うことができることを勘案しても，明らかに課税上の衡平に反するものといわざるを得ない。そして，延滞税は，納付の遅延に対する民事罰の性質を有し，期限内に申告及び納付をした者との間の負担の公平を図るとともに期限内の納付を促すことを目的とするものであるところ，上記の諸点に鑑みると，このような延滞税の趣旨及び目的に照らし，本件各相続税のうち本件各増差本税額に相当する部分について本件各増額更正によって改めて納付すべきものとされた本件各増差本税額の納期限までの期間に係る延滞税の発生は法において想定されていないものとみるのが相当である。

　したがって，本件各相続税のうち本件各増差本税額に相当する部分は，本件各相続税の法定納期限の翌日から本件各増額更正に係る増差本税額の納期限までの期間については，法60条1項2号において延滞税の発生が予定されている延滞と評価すべき納付の不履行による未納付の国税に当たるものではないというべきであるから，上記の部分について本件各相続税の法定納期限の翌日から本件各増差本税額の納期限までの期間に係る延滞税は発生しないものと解するのが相当である。」として，延滞税の趣旨目的に沿わないという理由で，明文の規定はないが，延滞税の発生は認めないと判決した[30]。

　これは，課税の経緯として，もともと法定申告期限内に納税者が相続税の申告を行っていたが，財産評価が高かったとして更正の請求をし，所轄税務署長から減額更正され還付されたところ，その後に評価が誤っていたとして増額更正されたため，もともと法定期限内に納めていた相続税が納めていなかったことになり，納税者に帰責事由がないにも関わらず延滞税が課された事件であ

る。

　これはいわば，「法の不備」であり，文理解釈によって規定の意味内容を明らかにすることは可能でも，その帰結（結論）が明らかに不合理である場合であったことから，限定解釈が行われた[31]ものといえるのである。

むすび

　以上の検討により，最高裁判所の判例における租税法解釈の態度を分析すると，租税法の解釈には，文理解釈の原則が強く働くものの，例外として趣旨を考慮した解釈がなされている場合もあるということになる[32]。そして，この例外的に趣旨解釈を許容している場合とは，文理解釈によっては規定の意味内容を明らかにすることが困難な場合と，文理解釈によって規定の意味内容を明らかにすることは可能でも，その帰結（結論）が明らかに不合理となる場合なのである[33]。

　最後に，租税法の解釈・適用のあり方について，武富士事件における須藤正彦裁判長裁判官の補足意見[34]では，以下の 4 点が明確にされた[35]。

　1 つ目，補足意見の「一般的な法感情の観点から結論だけをみる限りでは，違和感も生じないではない。しかし，そうであるからといって，個別否認規定がないにもかかわらず，この租税回避スキームを否認することには，やはり大きな困難を覚えざるを得ない。」[36]という部分からは，租税回避行為は違法行為ではないところから，その否認は法によってなされるべきであり，課税庁職員は個別否認規定によらずに，実質的とか権利の濫用といった論拠により納税者の取引行為を否認できるという考え方は，租税法律主義に反することを明確にしている[37]。

　2 つ目，補足意見の「この租税法律主義の下で課税要件は明確なものでなければならず，これを規定する条文は厳格な解釈が要求されるのである。明確な根拠が認められないのに，安易に拡張解釈，類推解釈，権利濫用法理の適用などの特別の法解釈や特別の事実認定を行って，租税回避の否認をして課税することは許されないというべきである。」[38]という部分からは，租税法律主義が

課税要件明確主義を要請しているのであるから，租税法規定は文理解釈により解釈が可能であり，類推解釈や拡張解釈の余地はそもそも存在しないことを明らかにしている[39]。

　3つ目，補足意見の「そして，厳格な法条の解釈が求められる以上，解釈論にはおのずから限界があり，法解釈によっては不当な結論が不可避であるならば，立法によって解決を図るのが筋であって（現に，その後，平成12年の租税特別措置法の改正によって立法で決着が付けられた。），裁判所としては，立法の領域にまで踏み込むことはできない。」[40]という部分では，仮に拡張解釈せざるを得ないような文言が存在すれば，それは法の不備として速やかに立法的措置が講じられるべきであることを示唆したものといえる[41]。

　4つ目，補足意見の「後年の新たな立法を遡及して適用して不利な義務を課すことも許されない。結局，租税法律主義という憲法上の要請の下，法廷意見の結論は，一般的な法感情の観点からは少なからざる違和感も生じないではないけれども，やむを得ないところである。」[42]という部分では，立法的措置を講じたとしても，租税法律主義は，その法令を遡及適用することについても禁じていることを明確にしたものである[43]。

　日本国民は憲法29条により財産権が保証されている。そうであるにもかかわらず，国家により合法的に財産権が侵害されるものが租税である。そのため，租税を課すには法律によらなければならないとするのが租税法律主義である[44][45]。

　租税法律主義が守られ，国家による恣意的な課税を防止し，財産権の侵害を防止するために，租税法の解釈は，他の法律と一線を画し，厳格な文理解釈によらなければならないのである[46]。

【注】
1）伊藤義一『税法の読み方　判例の見方』（TKC出版・2011年）42-43頁。
2）同上，42-43頁。
3）同上，42-43頁。
4）木山泰嗣『入門　課税要件論』（中央経済社・2020年）123頁。

5）前掲注 1，42-43 頁。

6）前掲注 4，123 頁。

7）前掲注 1，42-43 頁。

8）同上，42-43 頁。

9）同上，42-43 頁。

10）同上，42-43 頁。

11）金子　宏『租税法　第 24 版』（弘文堂・2021 年）123 頁。

　　「租税法は侵害規範（Eingriffsnorm）であり，法的安定性の要請が強くはたらくから，その解釈は原則として文理解釈によるべきであり，みだりに拡張解釈や類推解釈を行うことは許されない」

12）前掲注 4，123 頁。

13）同上，123 頁。

14）憲法 29 条財産権は，これを侵してはならない。

15）前掲注 4，123 頁。

16）同上，124 頁。

17）同上，124 頁。

18）増田英敏『紛争予防税法学』（TKC 出版・2015 年）90 頁。

　　増田英敏氏は，「文理解釈によっても，なおいくつかの解釈が可能な場合にはじめて，条文の趣旨を考慮して，もっとも法の趣旨に適する解釈を選択するという意味で，趣旨解釈の余地が生まれる。あくまで文理解釈を前提とすることなしに趣旨解釈が許されるものではないのである。したがって，租税法解釈においては文理解釈と趣旨解釈が同時に扱われるものではないことに，とりわけ注意するべきである。」と述べ，租税法における解釈は文理解釈を前提としつつ，文理解釈によっても，なおいくつかの解釈が可能な場合に初めて，趣旨解釈の余地が生まれることを指摘している。

19）前掲注 4，124 頁。

20）最高裁判所平成 22 年 3 月 2 日

　　裁判所 HP/ 裁判例検索　https://www.courts.go.jp/app/hanrei_jp/search1

　　事件の概要

　　「本件は，パブクラブを経営する上告人らが，ホステスに対して半月ごとに支払う報酬に係る源泉所得税を納付するに際し，当該報酬の額から，所得税法（以下「法」という。）205 条 2 号，所得税法施行令（以下「施行令」という。）322 条所定の控除額として，5,000 円に上記半月間の全日数を乗じて計算した金額を控除するなどして，源泉所得税額を計算していたところ，被上告人らから，上記控除額は 5,000 円にホステスの実際の出勤日数を乗じて計算した金額にとどまるとして，これを基に計算される源泉所得税額と上告人らの納付額との差額について納税の告知及び不納付加算税の賦課決定を受けたことから，これらの取消しを求める事案である。」

21）東京地裁平成 18 年 3 月 23 日判決

　　前掲注 20，URL 参照

22）東京高裁平成 18 年 12 月 13 日判決

　　前掲注 20，URL 参照

23）最高裁判所平成 22 年 3 月 2 日

　　前掲注 20，URL 参照

24）最高裁判所平成 24 年 1 月 13 日

　　前掲注 20，URL 参照

　　事案の概要

　　「本件は，被上告人らの経営する株式会社が契約者となり保険料を支払った養老保険契約（被保険者が保険期間内に死亡した場合には死亡保険金が支払われ，保険期間満了まで生存していた場合には満期保険金が支払われる生命保険契約をいう。以下同じ。）に基づいて満期保険金の支払を受けた被上告人らが，その満期保険金の金額を一時所得に係る総収入金額に算入した上で，当該会社の支払った上記保険料の全額が一時所得の金額の計算上控除し得る「その収入を得るために支出した金額」（所得税法 34 条 2 項）に当たるとして，所得税（平成 13 年分から同 15 年分まで）の確定申告をしたところ，所轄税務署長から，上記保険料のうちその 2 分の 1 に相当する被上告人らに対する貸付金として経理処理がされた部分以外は 上記「その収入を得るために支出した金額」に当たらないとして，更正処分及び過少申告加算税賦課決定処分を受けたため，上記各処分（更正処分については申告額を超える部分）の取消しを求める事案である。」

25）最高裁判所平成 24 年 1 月 13 日

　　前掲注 20，URL 参照

26）前掲注 4，129-130 頁。

27）「憲法 84 条は租税法律主義を定めるところ，課税要件明確主義がその一つの重要な内容とされている。したがって，課税要件及び賦課徴収手続（以下では，本件に即して課税要件のみについて考える。）は明確でなければならず，一義的に明確な課税要件であればもちろんのこと，複雑な社会経済関係からしてあるいは税負担の公平を図るなどの趣旨から，不確定概念を課税要件の一部とせざるを得ない場合でも，課税庁は，恣意的に拡張解釈や類推解釈などを行って課税要件の該当性を肯定して課税することは許されないというべきである。逆にいえば，租税法の趣旨・目的に照らすなどして厳格に解釈し，そのことによって当該条項の意義が確定的に明らかにされるのであれば，その条項に従って課税要件の当てはめを行うことは，租税法律主義（課税要件明確主義）に何ら反するものではない。」

28）前掲注 4，130 頁。

29）最高裁平成 26 年 12 月 12 日

　　前掲注 20，URL 参照

　　事案概要

　「本件は，亡Ａの相続人である上告人らが，Ａの相続について，それぞれ，法定申告期限内に相続税の申告及び納付をした後，その申告に係る相続税額が過大であるとして更正の請求をしたところ，所轄税務署長において，相続財産の評価の誤りを理由に減額更正をするとともに還付加算金を加算して過納金を還付した後，再び相続財産の評価の誤りを理由に増額更正をし，これにより新たに納付すべきこととなった本税額につき，国税通則法（平成 23 年法律第 114 号による改正前のもの。以下「法」という。）60 条 1 項 2 号，2 項及び 61 条 1 項 1 号に基づき，法定納期限の翌日から完納の日までの期間（ただし，法定申告期限から 1 年を経過する日の翌日から上記の増額更正に係る更正通知書が発せられた日までの期間を除く。）に係る延滞税の納付の催告をしたことから，上告人らが，被上告人を相手に，上記の延滞税は発生していないとして，その納付義務がないことの確認を求める事案である」

30)　前掲注 4，134 頁。

31)　同上，135-136 頁。

32)　同上，124 頁。

33)　同上，124 頁。

34)　最高裁判所平成 23 年 2 月 18 日

　　前掲注 20，URL 参照

　「一般的な法感情の観点から結論だけをみる限りでは，違和感も生じないではない。しかし，そうであるからといって，個別否認規定がないにもかかわらず，この租税回避スキームを否認することには，やはり大きな困難を覚えざるを得ない。けだし，憲法 30 条は，国民は法律の定めるところによってのみ納税の義務を負うと規定し，同法 84 条は，課税の要件は法律に定められなければならないことを規定する。納税は国民に義務を課するものであるところからして，この租税法律主義の下で課税要件は明確なものでなければならず，これを規定する条文は厳格な解釈が要求されるのである。明確な根拠が認められないのに，安易に拡張解釈，類推解釈，権利濫用法理の適用などの特別の法解釈や特別の事実認定を行って，租税回避の否認をして課税することは許されないというべきである。そして，厳格な法条の解釈が求められる以上，解釈論にはおのずから限界があり，法解釈によっては不当な結論が不可避であるならば，立法によって解決を図るのが筋であって（現に，その後，平成 12 年の租税特別措置法の改正によって立法で決着が付けられた。），裁判所としては，立法の領域にまで踏み込むことはできない。後年の新たな立法を遡及して適用して不利な義務を課すことも許されない。結局，租税法律主義という憲法上の要請の下，法廷意見の結論は，一般的な法感情の観点からは少なからざる違和感も生じないではないけれども，やむを得ないところである。」

35)　前掲注 18，89 頁。

36)　前掲注 24

37）前掲注 18，89 頁。

38）前掲注 24

39）前掲注 18，89 頁。

40）前掲注 24

41）前掲注 18，89 頁。

42）前掲注 24

43）前掲注 18，89 頁。

44）憲法 30 条　国民は，法律の定めるところにより，納税の義務を負ふ。

45）憲法 84 条　あらたに租税を課し，又は現行の租税を変更するには，法律又は法律の定める条件によることを必要とする。

46）前掲注 18，90 頁。

　　増田英敏氏は次のように述べている。「租税法は侵害規範であるから，その解釈は他の法律とは一線を画し，文理解釈によるべきである，と説明される。直接的な反対給付なく国民の財産に課されるのが租税であるから，租税の賦課については厳格な法の支配の下において，国家による恣意的な課税を阻止し，国民の財産権の侵害を防止する必要がある。そこに租税法律主義の存在意義がある。」

第8章

農業法人への課税制度の在り方と
農業経営の発展について

高橋克史

はじめに

　わが国において，新たに法人形態で収益事業を行う場合は，一般的には株式会社を設立して収益事業を行うことが多い。法人税の税収の大部分が，営利法人，特に株式会社からのものである[1]ことからも，現在のわが国では法人形態で収益事業を行う場合の第一の選択肢が，株式会社であると言えるだろう。個人事業主が法人形態での収益事業に転換する，いわゆる法人成りをする場合でも，株式会社という法人形態で新たな事業を始めることが多い。

　農業分野においても，個人事業や集落営農から法人へ転換した農業経営が多く行われている。日本の農業を支える農業従事者は高齢化が進んでいるが，一方で新規に農業に従事する者は決して多いとは言えず，今後は農業従事者の一層の減少が見込まれることから，農業の持続可能性が懸念される地域が発生すると見られている。そのため，地域農業の支え手として，農業法人をはじめとした担い手の活躍が期待されている。農林水産省の発表によると，農業経営の法人化は，平成31年度には23,400法人と平成22年に比べて約4倍になっており，その数は着実に増加している[2]。今後も一層に増加することが予想される。

　日本の農業は，家族農業経営や兼業農家にこれまで支えられてきて，今後も農業の一翼を担う重要な存在である。しかし農村地域の高齢化等が急速に進展する現在では，農業経営を行うにあたってその事業を法人化することは，経営

承継や規模拡大といった課題に速やかに対応していくため，重要な手段の1つであり，農業経営の発展を図る方策の一環としての経営の法人化を考えるケースも多くなっていると菅原清暁氏は述べている³⁾。新たな働き手を確保して今後の日本の農業を継続・発展させてゆくには，法人での農業経営の一層の促進が必要となってくるだろう。

　法人形態での農業経営としてまず考えられるのが，株式会社での農業経営である。稲作や露地野菜のような田畑を利用する農業のほか，畜産や施設園芸などの農業経営でも，この株式会社という組織形態の利用が行われている。法人の経営的な視点から考えると，家族経営では家計と経営が分離されていないため，経営の状況把握と経営改善を検討することは容易ではない。しかし法人経営に移行することにより家計と経営が分離されるとともに，企業会計原則に基づく財務諸表の作成が義務付けられることで，必然的に経営内容の明確化が図られる⁴⁾。農業経営の法人化によって，決算書の信用力が向上することになり，結果的に金融機関や取引先に対する信用力も向上すると思われる。必ずしも法人形態を株式会社に限定せず，合同会社や一般社団法人での法人化を選択することも可能ではある。しかし株式会社は会社法人の基本であるため，家族経営の法人化であれば，株式会社を選択することが一般的であると言える⁵⁾。

　この農業経営の法人成りを税制の視点から考えると，個人事業主であれば所得税の累進課税が適用されるところ，法人形態であれば利益に対して法人税の定率課税が適用される。また所得の分配方法については，経営者には役員報酬を利用した給与所得控除のメリットがあるため，個人の税負担を軽減する対策も可能となる。個人と法人の実効税率の差をみると，個人の農業経営における所得が多い場合，個人の所得税・住民税の税率（課税所得900万円超43%）よりも中小法人の法人税の実効税率（2020年度以降33.6%）が低い。これにより代表者の役員報酬を抑えて法人に内部留保することで税負担を軽減できる⁶⁾。

　法人成りすることで新たに生じる他の義務・負担としては，労働保険や社会保険への加入義務がある。個人経営であれば任意加入であった社会保険も，農業法人設立後は，1人でも対象となる従業員がいれば，労働保険と社会保険の加入が義務となる⁷⁾。これにより事業主のみならず雇用する従業員への福利厚

生が保障されて，人材確保につながることが期待できる。事業の継続性が高くなることへの期待，将来の経営承継など様々な利点があると考えられる。

　また株式会社での農業経営のメリットとしては，株式会社では事業の範囲に制限がないこともあげられる。このため株式会社は，営利事業一般を広く行うことができる[8]。農地所有適格法人である株式会社は，農業と関連事業の売上高合計が法人事業全体の過半であれば，その外の事業も行うことが可能となっているが，後述する農事組合法人では，実施できる事業は農業及び農業関連事業に限られている[9]。

　農業経営を法人形態で行うにあたり，前述の株式会社の形態の他に，農事組合法人を利用することも多くみられる。農事組合法人は，農業生産の協業を図ることによりその共同の利益を増進することを目的とする法人である。農業に係る共同利用施設の設置または農作業の共同化に関する事業およびこれに附帯する事業を行う法人（1号法人）と，農業経営およびこれに附帯する事業を営む法人（2号法人）とに区別される。1号法人は機械や施設を所有して組合員に共同利用させたり，農作業を組織・指導したりするもので，その組織自体で農業経営を行うものではない。2号法人が農業経営を直接行う法人である[10]。

　わが国では，集落を単位として農業生産を共同で営む組織として，集落営農も多く存在している。この集落営農は，農業を組織化することによって農地の面的な利用集積により作業の効率化が図られ，また農業用機械等の共同利用などが行われているが，集落営農というだけでは組織経営の形がとられてはいるが法人格は有しておらず，民法上の任意組合に該当する。この任意組合は，複数の組合員からなる共同の事業の組織であり，事業の主体ではあるが法主体ではないから，その活動によって得られる損益は構成員課税となり，組合員の所得として組合員に課税される。つまりこの任意組合は，納税義務の主体ではない[11]。よって法人化されていない集落営農に対しては，この論文における論点である農業法人への法人課税は行われない。

　この集落営農の継続について，森剛一氏によれば，農事組合法人の形態によって法人化を行うことが，メリットが大きい。集落営農を法人化すれば，農地の利用権の設定が受けられ，農地中間管理事業を活用できるのに加え，出資

の形で資金調達ができるなど，経営資源の集積の面で有利となる。また従事分量配当を利用することで，消費税の還付が受けられたり，構成員の所得税の負担が軽減されたりするなど税務上のメリットも大きく，政策的にも法人化が方向づけられている。集落営農では担い手が不足しているとしても，法人化することで他の集落・地域の法人との事業統合もしやすくなる[12]。

　農事組合法人では，従事分量配当型の農事組合法人と，確定給与支給型の農事組合法人とのいずれかの形態において労働報酬を支払うのかを決めなければならない。法人税法に規定する協同組合等に該当する農事組合法人は，組合員が事業に従事した程度に応じて行った剰余金の配当に相当する金額は，その農事組合法人の所得の金額の計算上，損金の額に算入される[13]。従事分量配当型であれば労働の対価は従事分量配当として組合員に支払われ，法人は損金として計上する。そして配当金を受け取った個人の組合員は農業所得の雑収入として所得税課税が行われる。一方で給与確定支給型であれば，労働の対価は給与として支給され，法人は損金として計上し，受け取った個人は給与所得として所得税課税が行われる。

　農事組合法人のうち法人税法上の協同組合等に該当しないものについては，従事分量配当等はその処理の方法にかかわらず，普通法人の剰余金の配当として取り扱われるため，全額損金の額に算入することができない。受け取った組合員についても，配当所得として取り扱われる[14]。

　農業法人を農事組合法人で行う場合に，株式会社との違いとしては，農業にかかる共同利用施設の設置・農作業の共同化に関する事業，農業経営とその附帯事業に制限されていることである[15]。このため，農事組合法人の場合，本来，農作業以外の作業を請け負うことができないなど，事業の発展に制約があり，また畜産経営については法人事業税が非課税とならず，農事組合法人にするメリットは少ないと，森剛一氏は述べている[16]。

　農事組合法人の組合員は，3名以上の農民等とされており，また役員として理事を置かなければならないが，その理事は組合員でなければならない[17]。一方で，株式会社であればその構成員（株主）に資格制限はなく，農民でない者も株主になれ，個人に限らず法人もその株主になれる。さらに株式会社であ

れば構成員の数についても別段の制限はなく1人でも設立が可能であるし，集落営農のように多くの人員が参加する法人にすることもできる[18]。また農業を数戸共同で法人化する場合には，農事組合法人は適さないとも森剛一氏は述べている。その理由は，農事組合法人の1人1票制が迅速な意思決定を妨げることが多いこと，構成員間の協業経営に対する温度差が生じることにより事業展開への保守的な判断が行われがちであること等があげられる[19]。これらの点から，やはり集落営農は農事組合法人，家族経営の農業は株式会社という形態が，法人化しやすいと思われる。

　なお，農事組合法人として設立した場合であっても，株式会社に組織変更することができる。一方で株式会社は農事組合法人に組織変更することはできない[20]。

Ⅰ．日本の課税制度と農業法人の関係

1．農業法人の所得に対する法人課税

　農業法人に対する法人税課税の特徴としては，まずは農事組合法人への法人税等の中間納付額の有無について考えられる。通常は内国法人である普通法人には中間申告の義務が定められているが，農事組合法人のうち法人税法別表第三に定めるものは普通法人とは区別され，協同組合等に該当する[21]。そのため農事組合法人には中間申告の義務がなく，また中間納付額も発生しない。これは農業法人への特例というよりは，協同組合等に対する特例であって農事組合法人がその特例の対象となる法人に該当する，というように考えるべきなのだろう。

　次に考えられる農業法人に対する課税の特徴は，農地所有適格法人の要件を満たす農事組合法人が行う農業に係る事業税は非課税とされていること[22]が考えられる。非課税となる事業税は，農業に係る所得に対するものに限られるため，農業以外の収入がその農事組合法人にある場合には，総収入金額のうち農業に係る収入の占める割合をもって事業税の非課税所得を計算することとなる。当然に法人税等の実効税率が下がることになるので，対象となる農事組合

法人は，法人利益の内部留保を行いやすいとも考えられる。

　農事組合法人には，法人税率についても例外的な取り扱いがある。普通法人に対する税率は，資本金1億円以下の法人に対しては年800万円以下の部分の所得には15％，年800万円超の部分の所得には，23.2％となっているが，農事組合法人のうち法人税法別表第三に掲げるものについては，協同組合等と同じ法人税率が適用される。そのため，年800万円以下の部分には同じく15％の税率であるが，年800万円超の部分には19％の法人税率が課される[23]。協同組合等は，その全所得に対して課税されるが，営利を目的とせず，組合員の共同の利益の増進を目的とするものであるため，公益法人等の場合と同じ軽減税率が適用されている[24]。

　農事組合法人の法人課税に大きく影響する特例制度として，従事分量配当制度がある。この従事分量配当を利用すると，農事組合法人は労務の対価として組合員に給与を支払う必要がなく，従事分量配当によって剰余金の範囲内で労務の対価を分配することができる。このため基本的には赤字にならない運営が可能となる[25]。

　従事分量配当とは，組合員に対してその者が農事組合法人の事業に従事した程度に応じて分配する配当であり，農業の経営により生じた剰余金の分配でもある。協同組合等に該当する農事組合法人が支出する従事分量配当の金額は，その事業年度の損金の額に算入される。従事分量配当を支出する前の状態で決算を確定したうえで，剰余金処分によって従事分量配当の支出が決定される。このため損益計算書には労務費相当額が計上されないため，剰余金が生じることになるが，事業年度終了後の定時総会において事後的に決定した従事分量配当をその事業年度で損金算入することができる。農事組合法人は，いわゆる「確定給与」を支給しない場合に限って，協同組合等として取り扱われる。つまり給与制を選択した場合には普通法人，従事分量配当制を選択した場合には協同組合等となる。いずれを選択するかは事業年度ごとに行うことができる[26]。なお集落営農での農事組合法人の場合は，基本的には従事分量配当制を採用すると良いと言われている[27]。

　また農事組合法人では，定期同額給与としての役員報酬とは別に，従事分量

配当として役員に対して労務の対価を支払うことにより，役員給与，従事分量配当の双方について損金算入することができる。法人税基本通達 14 − 2 − 4 で，役員または事務に従事する使用人である組合員について「役員又は使用人である組合員に対し給与を支給しても，協同組合等に該当するかどうかの判定には関係がない」となっている。このため，役員である組合員に対して，役員としての役割に役員報酬を支給したうえで，現場における生産活動に従事した程度に応じて別途，従事分量配当を行うことが可能である[28]。

　農業法人の経営形態が株式会社，または農事組合法人のいずれかにかかわらず，農業法人に適用される特有の税制が経営基盤強化準備金制度である。この制度は，青色申告書を提出する法人で農業経営改善計画の認定を受けた農地所有適格法人に適用される[29]。この法人が水田活用の直接支払交付金，畑作物の直接支払交付金等の一定の交付金を受けた場合において，認定農業者制度における農業経営改善計画の定めるところに従って行う農業経営基盤強化に要する費用の支出に備えるため，一定の金額を損金経理の方法（決算確定日までに剰余金処分により積立金として積み立てる方法を含む）により農業経営基盤強化準備金として積み立てたときは，その積み立てた金額はその事業年度の所得の金額の計算上，損金の額に算入できる[30]。なお個人の認定農業者の場合は，所得の金額の計算上，必要経費に算入される。

　この制度は積み立てた部分の交付金への課税の繰延べであって，法人税や所得税の非課税や免税になる制度ではないことは注意したい。課税の繰延べ方法としては，農用地又は特定農業機械等（農業用固定資産）で農業経営改善改革等に記載されたものを取得して農業の用に供した場合，この準備金を取り崩すか，直接その事業年度に受領した対象交付金をもって，その農業用固定資産について圧縮記帳する方法による。圧縮記帳することによって，準備金の取崩しや対象交付金への課税が繰延べされる。ただし，農用地以外は，圧縮記帳で減価償却費が減少した分の所得が生じて，法定耐用年数の期間において順次課税される[31]。

　この一連の流れを整理すると，まず一定の交付金収入がある事業年度において，その交付金収入の一部または全部を経営基盤強化準備金として積立てるこ

とで損金の額に算入して，交付金収入に対する課税を繰り延べる。そして農業用固定資産を購入する事業年度においてこの準備金を取り崩すことになるが，その取り崩し額は益金に算入される一方で，取り崩し額相当を農業用固定資産の取得価額に対して圧縮記帳することで，準備金の取崩し益に対する課税も繰り延べることが可能となる。準備金の積立期間は5年間であるため，この制度を利用する農業法人は，課税の繰延べを行いながら計画的な設備投資をすることができる。

2．農業法人に対する消費税課税

　消費税の納税義務は，原則としてその基準期間における課税売上高が1,000万円以上である事業者に対して課される。この消費税の納税義務は，農業法人に対しても同様の判定がなされる。そのため農業経営を法人事業として行う規模であれば，その法人の年間売上は1,000万円以上である場合が多いと考えられる。よって農業法人の多くは消費税の納税義務者となっているはずである。

　消費税の計算については，農業法人も当然に本則課税，または簡易課税のいずれかを選択することとなる。事業の規模が比較的小さい法人は簡易課税となるが，一方で事業規模が大きく，かつ補助金等を活用して農業用機械や倉庫などを取得する場合は，消費税の還付を受けられる可能性があるため，本則課税を利用することが多いと思われる。農業法人が本則課税，または簡易課税のいずれかを選択することについて，その経営が株式会社の形態，または農事組合法人の形態であるかはあまり影響ないように思われる。あえて言うならば，農事組合法人は本則課税を採用している割合が高いはずである。農事組合法人がその組合員への労務対価を従事分量配当によって支払っている場合は，その従事分量配当の金額は消費税の課税仕入れに該当する。そのため，節税を兼ねて本則課税により消費税申告を行っている場合が多いだろう。

　具体的には，集落営農組織で麦・大豆などの転作受託組織を法人化した場合，消費税の課税売上となる農産物代金（品代）は収入全体の一部であり，麦・大豆の収入の大半は水田活用の直接支払交付金や畑作物の直接支払交付金など消費税の課税対象外（不課税）取引になる。こうした法人では，課税仕入

れが課税売上を経常的に上回ることになる。さらに，従事分量配当は役務の提供の対価としての性格を有することから，課税仕入れに該当する。そのため労務の提供の対価を給与支給ではなく従事分量配当により行った場合には，一般に課税仕入れが課税売上を経常的に上回ることになる。この場合には消費税の本則課税を選択することになり，毎事業年度において消費税の還付を受けることができる[32]。

　令和元年10月からの消費税率の引き上げと同時に飲食料品などを対象に消費税の軽減税率制度が実施されたが，集落営農の農事組合法人の場合，課税売上の大半が飲食料品で消費税率が軽減税率8％であるのに対して，課税仕入れの多くは消費税率が標準税率10％となる。このため消費税の還付を受けている農事組合法人では，令和2年度以降，消費税の還付額が増える（納税額が減る）ことになり法人化のメリットが増加している[33]。

　一方で，小規模な経営を行っている農業法人で，簡易課税を選択し，かつ基準期間における課税売上高が5,000万円以下であれば，当然に簡易課税が適用される。事業区分ごとのみなし仕入率については，従来は第3種事業であったが，令和元年10月以降の取引からは飲食料品の譲渡に該当する農業は，第3種事業から第2種事業へとみなし仕入率が変更になった。また軽減税率が導入されたことにより，飲食料品に該当する農産物の譲渡は8％軽減税率が適用されている。これらにより，簡易課税を選択している農業法人の消費税負担額は減少していると言えよう。

　令和5年10月から導入されるインボイス制度は，当然に農業法人にも適用される。インボイス制度の特徴は，事業者が支払った金額を課税仕入れとして仕入税額控除の適用を受けるには，支払った相手方がインボイス登録事業者であり，そしてその相手方からインボイスの適格請求書を受領していることが条件である。そのため，相手方がインボイスの登録事業者でない場合は，当然にその支払った金額は課税仕入れとはならない。

　このインボイス制度の導入で，先に述べた農事組合法人の従事分量配当の課税仕入れの処理が，大きな影響を受けることが想定される。従事分量配当の支給を受けるのは，農事組合法人の組合員である個人の農業事業者であり，多く

は免税事業者である。免税事業者はインボイスを発行できないため，農事組合法人では従事分量配当を課税仕入れとできないことが多く発生すると考えられる。これにより，インボイス制度の導入後は，農事組合法人の消費税負担が増加し，経営に大きな影響が生じることとなるだろう。

　経過措置として，インボイス導入後の最初の3年間は免税事業者からの仕入税額控除が80％認められ，その後の3年間は免税事業者からの課税仕入れは50％が認められるが，令和11年10月以降は免税事業者からの課税仕入れは認められなくなる。現在，本則課税を選択している農業法人は，経過措置が終了してからは，従事分量配当が課税仕入れにならなくなると，簡易課税での消費税申告も検討しなければならないだろう。

Ⅱ．法人形態による農業生産の課題と将来性

1．事業規模による節税効果の格差

　農業法人の経営問題について，税という視点から考えると，その農業法人に認められる税制をいかに有効に活用するかは重要である。農業収入から生じる収益を確保することは当然ながら，その事業に付随して発生する消費税や所得に課される法人税等は，少なく抑えたいはずである。経営基盤強化準備金を活用することで，交付金から生じる所得に対する課税を繰り延べできることについては，前述のとおりである。経営基盤強化準備金の対象となる交付金は，水田活用の直接支払交付金，畑作物の直接支払交付金，米・畑作物の収入減少影響緩和交付金である。これらの交付金と経営基盤強化準備金の活用は，農業法人の経営と税務への影響が大きい。

　水田活用の直接支払交付金は，食料自給率・自給力の向上に資する麦，大豆，米粉用米等の戦略作物の本作化とともに，地域の特徴をいかした魅力的な産地づくり，産地と実需者との連携に基づいた低コスト生産の取組，畑作物による高収益作物等の定着等を支援するものである。水田を活用して，麦，大豆，飼料作物，WCS用稲，加工用米，飼料用米，米粉用米を生産する農業者を支援するために交付される。従来の飯米作りを中心とした水田利用から，転

換作物を生産することを推奨して，水田を畑作化して他の畑作物の定着を図ることを支援している。

　畑作物の直接支払交付金は，諸外国との生産条件の格差により不利がある農産物を対象に標準的な生産費と標準的な販売価格の差額分に相当する交付金を直接交付するものである。交付金の支払いは，生産量と品質に応じて交付される数量払を基本とし，当年産の作付面積に応じて交付される面積払は数量払の先払いとして交付される。これらがゲタ対策であり，交付の対象となる農業者の規模要件はない。麦，大豆，てん菜，でん粉用ばれいしょ，そば，なたねの販売数量，作付面積に応じて一定の単価が交付される。

　米・畑作物の収入減少影響緩和交付金は，農家拠出に伴う経営に着目したセーフティネットであり，米及び畑作物の農業収入全体の減少による影響を緩和するための制度である。当年産の販売収入の合計が過去の平均収入を下回った場合に，その差額を補てんするナラシ対策であり，対象作物は米，麦，大豆，てん菜，でん粉原料用ばれいしょ，である。補てんの財源は，農業者と国が1対3の割合で負担し，農業者は積立金の負担が必要となる。

　水田活用の直接支払交付金と畑作物の直接支払交付金は，従来の主食としての飯米生産を中心とする農業から，他の穀物等の生産への誘導を行っている制度であると思われる。水田活用の直接支払交付金は，既存の水田を使用して他の穀物等を生産することに交付され，また畑作物の直接支払交付金は，米以外の穀物等を生産するにあたり生産量と面積に応じた交付が行われる。米・畑作物の収入減少緩和交付金は，米を含む穀物等の栽培において農業者への収入の安定を保証する制度であり，これらの農作物の栽培を行っている農業者を保護していて，対象となる農産物の生産を推奨している。

　これら3つの交付金のうち，米・畑作物の収入減少影響緩和交付金は，農業収入が過去平均より減少した場合に交付となるため，この交付金を原資として積極的な設備投資を行うことは決して多くはないと思われる。むしろ水田活用の直接支払交付金や畑作物の直接支払交付金のような，飯米生産以外の他の農業生産に対する交付金が収入の増加につながり，そしてその増加した収入を準備金として積み立てることで，法人税等の課税の繰延べが行われる。またこの

準備金を取り崩して農業用機械等の設備投資を行うと，圧縮記帳をすることができるため，改めて課税の繰延べが行われるとともに，設備投資に要した金額にかかる消費税については課税仕入れとなり，消費税の納税額も減少することとなる。

農業経営の法人化を進めて，飯米から他の穀物への転換を積極的に行うことに税務上の特典を付すということである。これらの制度を利用できる規模の農業経営が，税務上は有利であると言えよう。農業における飯米生産から，水田を活用した他の穀物生産への転換をいわば国策として進めていくにあたり，農業生産者への交付金とその交付金を活用する際において税制が利用されている例である。

金子宏氏によると，「担税力その他の点で同様の状況にあるにもかかわらず，なんらかの政策目的の実現のために，特定の要件に該当する場合に，税負担を軽減しあるいは加重することを内容とする措置」のことを租税特別措置という[34]。特に税負担の軽減を内容とするものは租税優遇措置ともいわれ，納税者の経済活動を一定の方向に誘導することを目的とするものである[35]。

森信茂樹氏は，「特定の納税者の負担を軽減することにより，特定の政策目的の実現を図ろうとする税制上の措置」である租税特別措置を，時代にニーズに合わせて抜本的に見直すことが企業の自由度を広げる成長戦略である[36]，と述べている。また森信氏は，法人税減税についての国民の支持は必ずしも高いものではなく，なぜ法人税減税を行うのか，どのような経済効果が期待されるのか，恩恵は一部のグローバル企業だけではないか，という疑問があるという。消費税率の引き上げを行っている最中に，法人税率引下げが国の政策と矛盾しないのか，という疑問である。そこで法人税減税は，恒久的な財源を手当てしたうえで，財政再建と矛盾しない形で行う必要がある。課税ベースの拡大，他の税目による代替財源の確保をしながら税率を引き下げる。そして法人税改革を今後の経済成長につなげていくための成長戦略を具体化し，経済成長実現へ道筋を示すことが必要になると言われている[37]。わが国の農業を継続，そして発展させるためには，減税制度を活用した農業経営の制度改革につなげることが実効的なのであろう。

2．インボイス導入による法人経営の変化

　令和5年10月から開始するインボイス制度では，免税事業者には取引先に対するインボイスの交付が認められないため，免税事業者からの課税仕入れについては，農協等特例などの適用がある場合を除いて仕入税額控除ができない[38]。集落営農の農事組合法人では，これまでは免税事業者の組合員へ支払う従事分量配当や作業委託料も，仕入税額控除の適用を受けることができた。このため消費税の還付を受けられるという恩恵が農事組合法人にはあったが，インボイス制度の導入からは，免税事業者からの課税仕入れは原則，仕入税額控除を適用することができなくなる。経過措置により一定期間はある程度の課税仕入れが認められるが，いずれは集落営農の農事組合法人では従事分量配当が課税仕入れにできるというメリットがなくなり，基本的には消費税を納税することになっていく[39]。なぜなら，農事組合法人における従事分量配当の支払先の農業者のほとんどは，免税事業者であるからである。インボイス制度の導入によって，従事分量配当は事実上，仕入税額控除の対象から外れることとなる[40]。農事組合法人が従事分量配当の仕入税額控除を適用できなくなれば，消費税の還付を受けられる法人の数は激減するはずである。農事組合法人が労働の対価を従事分量配当で払うことのメリットは，無くなると言えるだろう。課税の中立性の原則の観点では，課税の上で同様の状況にあるものは同様に，異なる状況にあるものは状況に応じて異なって取り扱われるべきことが要求される[41]。インボイスの導入によって従事分量配当が課税仕入れとならないことは，決して租税公平主義に反するものではないと考えられる。

　従事分量配当は受け取る側の個人では，農業所得の雑収入となり，必要経費は基本的に無いため，従事分量配当はまるまる所得税課税される。一方で，労務の対価を給与で受け取った個人は給与所得となるため，給与所得控除を差し引くことができるため，個人の所得税・住民税の負担が軽くなる。これらのことにより，給与制に移行する農事組合法人が増えると予想される。そしてさらに，農事組合法人のメリットは，労務の対価を従事分量配当として支払えることであるため，そもそも集落営農を農事組合法人で行う理由が無くなる。このため，農事組合法人から株式会社に組織変更するケースも想定される[42]。

　集落営農を法人化するために農事組合法人を作り，そして従事分量配当を利用して消費税の還付を受けるという節税メリットは，インボイスの導入によって成立しなくなるわけである。インボイス導入後に農業法人として税制上のメリットを取るには，やはり給与所得控除を利用した個人所得税の節税が選ばれるだろう。農事組合法人から株式会社に組織変更すれば，従事分量配当は利用できなくなるが，そもそもメリットがなくなるので問題ないはずである。農事組合法人では組合員は法人で社会保険へ加入することとはできないが，農業法人が株式会社となって，その組合員が役員，および従業員となれば，社会保険への加入も行えるという新たなメリットが生まれる。

　インボイスの影響により農事組合法人から株式会社に組織変更が行われると，前述しているような家族経営の農業経営は株式会社に，集落営農は農事組合法人に，という傾向は無くなることが予想される。農業経営の法人化は，インボイスの導入とともに株式会社での経営が主になっていくであろう。農事組合法人は，農民（農業を営む個人または農業に従事する個人）でなければ出資者（組合員）となれないが，一方で株式会社は誰でも株主になれるため，株式会社の方が事業の運営に必要な資金を集めやすいと言える。なお，議決権の2分の1未満までは，誰でも農地保有適格法人に出資できる[43]。

　森信茂樹氏は，「わが国も税制を変えることで，経済や社会をよみがえらせることができる[44]」と述べている。税制の変化に伴って，農業法人の在り方が見直されて，その設立から運営において新たなメリットを享受できる農業法人へと発展していくのである。

むすび

　法人経営の課題としては，事業承継も重要である。当然に農業法人でも，事業承継を考えなければならない。事業承継により移転する財産がいくらで評価されるのか，これを把握せずに事業承継を行うことは課税リスクがある。贈与による承継の場合は，贈与税額に大きな影響を及ぼし，また譲渡により承継する場合は，譲渡所得の金額と税額に影響する[45]。

　この事業承継で発生する税負担を低く抑える方法として，アグリビジネス投資育成㈱（以下，「アグリ社」という）を利用することができる。アグリ社を利用すると，株式評価で原則的評価方式に比べて評価額が低くなる配当還元方式に準じた評価方法をとることができる。このアグリ社とは，農業法人の発展をサポートするため，農業法人に出資という形で資金を提供する公的な金融機関である。アグリ社は，農林中央金庫など JA グループと㈱日本政策金融公庫との出資で設立され，農林水産省が監督している。森剛一氏は，アグリ社の出資は財産安定化・対外信用力の強化だけでなく，円滑な経営承継にも活用されており，個人事業を承継する場合に比べて相続税の負担が軽くなることがあると述べている[46]。農業法人の事業承継，株価の引下げに政策的な取り組みが行われていると言えるだろう。

　具体的な経営承継の方法としては，アグリ社は第三者割当によって増資した株式等を取得し，投資からおおむね 10 年を目途として後継者等が株式の買戻しをすることになる。アグリ社が第三者割当に基づき引き受ける新株の価額および保有する株式を処分する場合の価額は，配当還元方式に準じた特例的評価額が認められている。このため，一般に内部留保の大きい法人ではその払込金額 1 株当たりの純資産額を下回ることになる[47]。アグリ社に対して第三者割当によって発行した株式を将来的に後継者が取得することで，代表者の保有する株式を直接，後継者へ譲渡する場合に比べて，結果的に低い価格で後継者が株式を取得できることがある。

　アグリ社の制度を活用して，親族外への事業承継を行うこともできる。平成 27 年農地法改正によって，農業関係者でなくても議決権の 2 分の 1 未満までなら農地所有適格法人の株式・出資を保有できるようになった。このため，オーナーが事業から完全に引退して事業に従事しなくなっても株式等の全部を譲渡する必要がなくなり，親族外の第三者へ事業承継を行いやすくなった。またオーナーの保有する株式等についても，議決権の 2 分の 1 未満までであれば事業を承継しない親族に承継しても農地所有適格法人の要件上，問題は生じない[48]。

　事業承継税制を農業法人に活用することも有効である。平成 30 年度税制改

正により，非上場株式等に係る贈与税・相続税の納税猶予制度が拡充され，2018 年から 10 年間，適用要件を大幅に緩和した特例措置が創設された。特例措置は，猶予対象の株式の制限（一般措置：総株式数の 3 分の 2）の撤廃，納税猶予割合（一般措置：80％）の 100％への引上げ，等がある。10 年間の時限措置であるため，この期間に農業分野でも事業承継税制の有効活用を積極的に進めていく必要がある[49]。

この特例の創設により，事業承継税制の活用が増えることが予想されるが，事業承継税制とアグリ社とを組み合わせて活用することで，相続税の軽減効果が高まると言われている。アグリ社の投資を受けて既存株主の保有する株式の評価額が減少した直後に事業承継税制による贈与税納税猶予制度の適用を受ければ，株式の評価額を低い価額のまま相続時まで固定化することができるからである。事業承継税制の拡充によって，発行済議決権株式等の 3 分の 2 だけでなく，全株が納税猶予の対象となることで，株価の固定化効果がより一層高まることになる[50]。

金子宏氏は，租税法律主義は今日の複雑な経済社会において，各種の経済上の取引や事実の租税効果について十分な法的安定性と予測可能性とを保障しうるような意味内容を与えなければならない[51]，と述べている。わが国の経済において農業政策をいかに進めていくのかについて，税制が農業法人の在り方を示す役割を果たすように思う。アグリ社の出資を活用すること自体は税制ではなく，あくまで政府系金融機関による民間企業への資金提供である。だが，アグリ社の活用によって株式評価額の引下げを行い，そして事業承継をすすめることのハードルが下がる。政策による農業法人への金融支援と事業承継の支援，これらが税制を変化させることによって有効に活用されて，そしてわが国の農業法人の発展へと結び付くこととなるだろう。

【注】

1）金子　宏『租税法（第 24 版）』（弘文堂・2022 年）341 頁。

2）日本農業法人協会『農業経営の法人化のすすめ（個人版）』1 頁。

3）菅原清暁『農業法務のすべて』（民事法研究会・2021 年）234 頁。

4 ）同上，242 頁。

5 ）同上，237 頁。

6 ）森　剛一『法人化塾　改訂第 2 版　インボイス制度対応と農業の経営承継・組織再編』（農山漁村文化協会・2022 年）51 頁。

7 ）菅原・前掲注 3，240 頁。

8 ）同上，239 頁。

9 ）同上，25 頁。

10）同上，238 頁。

11）金子・前掲注 1，550 頁。

12）森・前掲注 6，2 頁。

13）島田哲宏『改訂版　事例と解説による農業法人の会計と税務』（大蔵財務協会・2019 年）120 頁。

14）同上，121 頁。

15）菅原・前掲注 3，239 頁。

16）森・前掲注 6，55 頁。

17）島田・前掲注 13，43 頁。

18）菅原・前掲注 3，239 頁。

19）森・前掲注 6，55 頁。

20）同上，56 頁。

21）島田・前掲注 13，136 頁。

22）同上，139 頁。

23）金子・前掲注 1，452 頁。

24）同上，341 頁。

25）森・前掲注 6，3 頁。

26）同上，80 頁。

27）同上，81 頁。

28）同上，82 頁。

29）島田・前掲注 13，94 頁。

30）同上，95 頁。

31）森・前掲注 6，114 頁。

32）同上，4 頁。

33）同上，83 頁。

34）金子・前掲注 1，94 頁。

35）同上，95 頁。

36）森信茂樹『税で日本はよみがえる　成長力を高める改革』（日本経済新聞出版社・2015）77 頁。

37）同上，101 頁。

38）森・前掲注 6，7 頁。

39）同上，10 頁。

40）森　剛一・島田哲宏共著『事例と解説による　農家の事業承継と税務対策』（大蔵財務協会・2018 年）43 頁。

41）金子・前掲注 1，89 頁。

42）森・島田・前掲注 40，44 頁。

43）森・前掲注 6，28 頁。

44）森信茂樹『税で日本はよみがえる　成長力を高める改革』（日本経済新聞出版社・2015 年）6 頁。

45）森・島田・前掲注 40，47 頁。

46）森・前掲注 6，106 頁。

47）同上，107 頁。

48）同上，108 頁。

49）同上，111 頁。

50）森・島田・前掲注 40，29 頁。

51）金子・前掲注 1，80 頁。

—— 第 **9** 章 ——

財産評価基本通達・総則6項における
「著しく不適当と認められる財産の評価」について

齋藤　茂

はじめに

　我が国の相続税法は，課税の対象となる財産（以下「課税財産」とする。）の評価額が相続税及び贈与税の納税金額に多大な影響を及ぼしている。つまり，課税財産をどのような基準で評価するかが核心部分となっている。

　その課税財産は，個人が相続，贈与または遺贈により取得した経済的価値のある財産（以下「相続財産等」とする。）の価額によるものとし，その価額は，法定評価が規定されている一部の財産を除き，その財産の取得時における時価，すなわち時価評価で算定することとしている。ここでいう時価とは，相続税法において定義は規定されておらず，一般的には，不特定多数の独立当事者間の自由な取引において通常成立すると認められる価額[1]，すなわち，客観的な交換価値を意味するものと解されているが，客観的な交換価値であることが明らかであることをもって相続財産等の評価を行うことが容易ではない相続財産等がある。

　例えば，現金や預金などは，その金額が常に明瞭なことから，客観的な交換価値を把握することは容易であるのに対し，土地や建物，非上場株式（以下「土地等」とする。）などは，実際における売却時のタイミング（いつ）及びその相手方（誰に）次第によってその金額が変動することは明白であるし，売り急ぎや買い急ぎなどの個々の事情が複雑に絡み合うことも考えられ，それらの客観的な交換価値を把握することは，困難を伴うことが否めないであろう。ま

た，客観的な交換価値を算出できたとしても，納税者間でそのような相続財産
等の評価・算出方法が一致することはまずあり得ないため，租税公平主義[2]
の観点からも問題があるといえる。

　そのため，国税庁は，税務通達[3]である財産評価基本通達（以下「評価通達」
とする。）総則１項（財産評価の一般原則）において時価の定義を示しており，上
記でいう客観的な交換価値とは，この評価通達の定めによって評価した価額と
し，財産の種類ごとに種々の評価方法を定めている。例えば，土地に関する評
価方法でいうと，路線価方式や倍率方式があり，株式に関する評価方法でいう
と，類似業種比準方式や純資産価額方式，配当還元方式がある。つまり，相続
財産等に対して一定の算出基準を設けることによって，画一的に相続財産等を
評価することが可能になることから，租税法律主義[4]に照らし，納税者の予
測可能性が確保されるとともに，納税者間の公平，納税者の便宜，国の徴税費
用の節減という見地[5]からも相当であると考えられる。このことから，課税
実務においては，評価通達の総則１項による形式的平等性に基づく時価評価
（以下「原則的評価」とする。）が行われているのである。

　しかしながら，原則的評価は，あくまでも評価の基準が記されたマニュアル
のようなものであって全ての相続財産等に対応するのは困難であり，また，形
式的平等性を利用した租税回避行為を誘発する恐れがあると考えられることか
ら，評価通達の総則６項（この通達の定めにより難い場合の評価）では，「この通
達の定めによって評価することが著しく不適当と認められる財産の価額は，国
税庁長官の指示を受けて評価する。」と定めており，原則的評価以外の時価評
価が認められている。

　すなわち，土地等であれば不動産鑑定評価額[6]や企業価値評価ガイドライ
ン[7]による評価額といった他の合理的な評価方法，いわゆる個別評価などに
基づく時価評価（以下「特例的評価」とする。）が認められている。

　また，課税実務上の相続財産等の評価方法は，原則的評価と特例的評価が
あることは上記の通りだが，原則的評価により画一的に適用すべき評価方法
を定めた以上，相続財産等につき，財産の種類ごとに種々の評価方法が定め
られた趣旨に合致する財産の範疇に含まれる財産であり，それに従った評価

をすることが，客観的な交換価値として合理性を有する限り，上記で述べた
ように，納税者間の公平，納税者の便宜，国の徴税費用の節減の見地から，
基本的には全ての納税者との関係で原則的評価を行う必要があると考えられ，
特定の納税者あるいは特定の相続財産等についてのみ特例的評価によること
は，客観的な交換価値として許容できる範囲内のものであったとしても容認
できないであろう[8]。そうすると，原則的評価で算出することが「著しく不適
当」でなければ，特例的評価で算出することはできないものと考えられる。

　なお，「国税庁長官の指示を受けて」とあるが，これは行政組織上の手続的
要件[9]であり，課税要件に影響せず，納税者の利害には関係しないもの[10]と
考えられる。例えば，訴訟において，原則的評価をすることが著しく不適当な
財産と認められないにもかかわらず，課税庁の判断で「著しく不適当」である
として特例的評価を行い，国税庁長官の指示という手続きを経ても，違法と判
断されることになる[11]。つまり，重要なのは，実体的要件[12]である「著しく
不適当と認められる財産」の部分である。

　ここでいう「著しく不適当」が抽象的であるため，その意義及び判断基準を
確認し明らかにする。その上で，合理的な補正率などを用いて実売価格，いわ
ゆる時価評価との差を縮めることができれば，不確定概念である特例的評価が
適用される状況を減らせるのではないか，と筆者は考える。

Ⅰ．「著しく不適当」の意義

　相続財産等につき，特例的評価を適用するためには，画一的に評価方法を定
めた評価通達（原則的評価）に従って評価することが「著しく不適当」である
ことが前提条件となるのであるが，この「著しく不適当」の意義及び解釈基準
について，先例となる判例及び学説を確認する。

　第1に，最判令和4年4月19日判決[13]では，「相続税の課税価格に算入さ
れる財産の価額について，評価通達の定める方法による画一的な評価を行うこ
とが実質的な租税負担の公平に反するというべき事情がある場合には，合理的
な理由があると認められるから，当該財産の価額を評価通達の定める方法によ

り評価した価額を上回る価額によるものとすることが上記の平等原則に違反するものではないと解するのが相当である。」と判示（下線部は筆者）しており，租税公平主義に反するという合理的な理由が存在するということが「著しく不適当」であると解釈される。

第2に，札幌高裁令和2年12月11日判決[14]では，「財産の相続税の課税価格が，その評価方法に従って算定された場合には，上記課税価格は，その評価方法によっては適正な時価を適切に算定することのできない特別の事情の存しない限り，相続時における当該財産の客観的な交換価値としての適正な時価を上回るものではないと推認するのが相当である。」と判示（下線部は筆者）しており，原則的評価では適切な時価評価をすることできないと正当に認められる特別な事情が存在するということが「著しく不適当」であると解釈される。

第3に，高松高裁平成19年11月29日判決[15]では，「評価通達に定められた評価方式によって当該財産の価額を評価することができず，この方式によって評価しようとした場合にはかえって課税事務の停滞を招き，納税者の便宜にも反するような特別の事情がある場合には，他の合理的な時価の評価方式によって当該財産を評価することも許されると解するのが相当である。」と判示（下線部は筆者）しており，納税者間の公平，納税者の便宜，国の徴税費用の節減といった租税原則に反する特別の事情が存在するということが「著しく不適当」であると解釈され，第1の最判令和4年4月19日判決と類似している。

第4に，金子宏氏によれば，「通達は法令ではなく，また個別の財産の評価は，その価額に影響を与える諸般の事情を考慮して行われるべきであるから，基本通達による評価が原則としては適法であるとしても，それが著しく合理性を欠き，基本通達によっては適切な評価をすることができないと認められる特別の事情がある場合には，他の合理的な方法によって通達の基準より高く，または低く評価することができると解すべきであり，また基本通達による評価が合理的ないし適切といえない特段の事情がある場合には，評価は違法になると解すべきである。」と述べて（下線部は筆者）おり，「著しく不適当」の意義及び解釈としては，上記第2の札幌高裁令和2年12月11日判決と金子氏の見解（「特段の事情」は「特別の事情」と同義であると判断される。）であることに加え，

原則的評価によることの合理性の欠如も指摘している。

　なお，上記第1から第4をまとめると【評価通達の総則6項に定める「著しく不適当」＝ 特例的評価をすべき「特別の事情」の存在 ＝ 特例的評価をすべき「合理的な理由」の存在】となり，これらの用語は同義であると解釈される。

　以上によれば，「著しく不適当」とは，ある相続財産等の評価につき，原則的評価によることがかえって租税公平主義などの租税原則に反すること，若しくは，原則的評価によっては適切な時価評価をすることができない合理的な理由（あるいは特別の事情）が存在していることである。

Ⅱ.「著しく不適当」の判断基準

　「著しく不適当」の判断基準としては，2つのケースがあると考えられる。1つめは，原則的評価によった価額での申告に対して，主に課税庁側において時価と比べて開差があるとして，特例的評価を適用するケースである。2つめは，原則的評価によった価額が相続税法22にいう時価を超えているとして，主に納税者側において特例的評価を適用し申告するケースである[16)]。

　まず，最高裁が初めて不動産について特例的評価が認められる場合について判示した最判令和4年4月19日判決[17)]（以下「当事案」とする。）を中心に，これら判断基準がどこにあるのかを検討する。

　当事案の概要を確認する。当時90歳の被相続人が，賃貸用マンション2件（以下「甲物件」と「乙物件」とする。）の購入及びその購入資金の借入れ（平成21年中）を行った。その後，被相続人は94歳で死亡し，相続人らは乙物件を第三者に売却（平成25年中）後に同借入れの返済に充て，甲物件はそのまま所有して賃貸していた。相続税の申告（平成25年中）は，甲物件及び乙物件とも原則的評価で行ったが，その後の税務調査によって甲物件及び乙物件は特例的評価（不動産鑑定評価額）で更正処分等（平成28年中）が行われた所，相続人らはその更正処分等の不服申立てをした。金額の詳細は次の通り（1万円未満切捨）である。

	甲物件	乙物件	相続税額
購入価額	8億3,700万円	5億5,000万円	
借入金額	6億3,000万円	4億2,500万円	
売却価額	なし	5億1,500万円	
評価通達の評価額	2億4万円	1億3,366万円	0万円
不動産鑑定評価額	7億5,400万円	5億1,900万円	2億4,049万円

　次に，判示内容を確認する。相続税法22条の時価や「著しく不適当」の定義[18]，原則的評価及び特例的評価と租税公平主義の関係並びに「著しく不適当」の判断基準について「相続税法22条は，相続等により取得した財産の価額を当該財産の取得の時における時価によるとするが，ここにいう時価とは当該財産の客観的な交換価値をいうものと解される。そして，評価通達は，上記の意味における時価の評価方法を定めたものであるが，上級行政機関が下級行政機関の職務権限の行使を指揮するために発した通達にすぎず，これが国民に対し直接の法的効力を有するというべき根拠は見当たらない。そうすると，相続税の課税価格に算入される財産の価額は，当該財産の取得の時における客観的な交換価値としての時価を上回らない限り，同条に違反するものではなく，このことは，当該価額が評価通達の定める方法により評価した価額を上回るか否かによって左右されないというべきである。そうであるところ，本件各更正処分に係る課税価格に算入された本件各鑑定評価額は，本件各不動産の客観的な交換価値としての時価であると認められるというのであるから，これが本件各通達評価額を上回るからといって，相続税法22条に違反するものということはできない。

　他方，租税法上の一般原則としての平等原則は，租税法の適用に関し，同様の状況にあるものは同様に取り扱われることを要求するものと解される。そして，評価通達は相続財産の価額の評価の一般的な方法を定めたものであり，課税庁がこれに従って画一的に評価を行っていることは公知の事実であるから，課税庁が，特定の者の相続財産の価額についてのみ評価通達の定める方法によ

り評価した価額を上回る価額によるものとすることは，たとえ当該価額が客観的な交換価値としての時価を上回らないとしても，合理的な理由がない限り，上記の平等原則に違反するものとして違法というべきである。もっとも，上記に述べたところに照らせば，相続税の課税価格に算入される財産の価額について，評価通達の定める方法による画一的な評価を行うことが実質的な租税負担の公平に反するというべき事情がある場合には，合理的な理由があると認められるから，当該財産の価額を評価通達の定める方法により評価した価額を上回る価額によるものとすることが上記の平等原則に違反するものではないと解するのが相当である。

　これを本件各不動産についてみると，本件各通達評価額と本件各鑑定評価額との間には大きな乖離があるということができるものの，このことをもって上記事情があるということはできない。もっとも，本件購入・借入れが行われなければ本件相続に係る課税価格の合計額は6億円を超えるものであったにもかかわらず，これが行われたことにより，本件各不動産の価額を評価通達の定める方法により評価すると，課税価格の合計額は2,826万1,000円にとどまり，基礎控除の結果，相続税の総額が0円になるというのであるから，上告人らの相続税の負担は著しく軽減されることになるというべきである。そして，被相続人及び上告人らは，本件購入・借入れが近い将来発生することが予想される被相続人からの相続において上告人らの相続税の負担を減じ又は免れさせるものであることを知り，かつ，これを期待して，あえて本件購入・借入れを企画して実行したというのであるから，租税負担の軽減をも意図してこれを行ったものといえる。そうすると，本件各不動産の価額について評価通達の定める方法による画一的な評価を行うことは，本件購入・借入れのような行為をせず，又はすることのできない他の納税者と上告人らとの間に看過し難い不均衡を生じさせ，実質的な租税負担の公平に反するというべきであるから，上記事情があるものということができる。

　したがって，本件各不動産の価額を評価通達の定める方法により評価した価額を上回る価額によるものとすることが上記の平等原則に違反するということはできない。」と判示している（下線は筆者）。

　当事案を受け，国税庁が各国税局及び沖縄国税事務所に評価通達の総則６項の運用や執行の方針について指示をした内容[19]によれば，次に掲げる①ないし③の３つの基準[20]を示しており，これと上記判示内容を勘案して判断基準の射程を確認・検討する。

①　評価通達に定められた評価方法以外に，他の合理的な評価方法が存在すること。

②　評価通達に定められた評価方法による評価額と他の合理的な評価方法による評価額との間に著しい乖離が存在すること。

③　課税価格に算入される財産の価額が，客観的交換価値としての時価を上回らないとしても，評価通達の定めによって評価した価額と異なる価額とすることについて合理的な理由があること。

　①については，その評価方法が合理性を有し，かつ，時価評価の範囲内に留まるものであることにつき，立証責任者による立証責任が果たせること[21]が前提となろう。具体的な評価方法は，不動産であれば，当事案において課税庁が不動産鑑定士に依頼し，裁判所に提示した不動産鑑定評価額が時価評価額として認められていることからも明らかであるように，不動産鑑定評価額がある。その他には，取引経緯から客観的に明らかになっている不動産市場における実際の交換価値の把握など[22]が考えられ，また，非上場株式であれば，企業価値評価ガイドラインによる評価額や原則的評価方法をその実態に応じて一部修正する方法など[23]が考えられる。そうすると，これらの評価方法によって算定した額の合理性の有無が重要になる。

　例えば，不動産鑑定評価額であれば，原価法，取引事例比較法，収益還元法の３つの方法があり，これら複数の鑑定評価方法を組み合わせてその評価額を算出[24]することとなっている。また，企業価値評価ガイドラインによる評価額であれば，大別するとインカム・アプローチ，マーケット・アプローチ，ネットアセット・アプローチの３つの評価手法（これらのアプローチはさらに細分化されており，実際の評価方法としては10種類が確認できる。）があり，評価方法につき，単独，併用，折衷のいずれかによってその評価額を算出[25]すること

となっている。そして，これらの評価額というのは，当事者にとって都合のいい評価方法あるいは数値を用いるもとにより，ある程度その当事者の恣意性が入った主観的な価額にすることも可能であり，相続財産等の評価に置き換えれば，納税者は原則的評価よりもできるだけ低く，課税庁は原則的評価よりもできるだけ高くしたいという心理的要因が介入することが多分にあるだろう。

　要するに，これら評価の専門家に依頼して算出された金額が否応無く認められるのではなく，恣意性を可能な限り排除し，相続財産等の状況に応じて客観的な評価方法で算出されているかどうかまでが①の射程になると考えられる。もっとも，どの評価方法等が適切であるかというのは，社会情勢や相続財産等の状況によって相違が生じることは否めず，不確定要素は残るであろう。

　②については，「著しい乖離」がどの程度の乖離を射程としているのかが重要な部分となるが，当事案も含めた判例では，個々の事例ごとに判断[26]されており，例えば，原則的評価と特例的評価の価額差が何倍以上あるいは何円以上の乖離になっていること，といったいわゆる形式基準によって行うものではない[27]とされている。さらに言えば，評価額の乖離の程度のみではなく，実際の税額（相続税及び贈与税）に与える影響も考慮[28]されている。このように，②の基準を明確化できない理由としては，そういった形式基準を設けることにより，納税者側でこれに対応あるいは利用した租税回避行為が想定されよう。一方，形式基準によれば判断基準が明確になるので，納税者側の予測可能性及び課税庁側の徴税負担の軽減に寄与するというメリットは存在する。しかしながら，そういったメリットよりも，前述した租税回避行為の想定といったデメリットの弊害が大きいことが窺え，形式基準を設けず，その実質を総合的に勘案して判断していくのが課税実務上は現実的であると考える。

　そこで，当事案を見ると，原則的評価（3億7,366万円）と特例的評価（12億7,300万円）の価額差は8億9,934万円（3.41倍）であり（上記表参照），結果，相続税額に与える影響が2億4,049万円と多額であったことにより，その著しい乖離が認められたと解される。ここで重要視すべき事項は，原則的評価と特例的評価の乖離がある結果として相続税額等の差額が大きい場合，すなわち，両者の評価額につき，倍数ではなく，価額差が大きい場合であると考える。なぜ

なら，原則的評価によると1万円，特例的評価によると100万円であった場合
は，100倍という倍数になるが価額差は99万円となるし，原則的評価による
と100億円，特例的評価によると110億円であったときは，1.1倍という倍数
になるが価額差は10億円となることから，倍数を考慮するのは意味がなく，
これは，両者が逆（原則的評価が高く，特例的評価が低い）であったとしても同義
であると言える。

　以上のことを踏まえると，著しい乖離とは，原則的評価と特例的評価の金額
的な乖離を指すことが窺える。もっとも，著しい乖離の射程については判示さ
れておらず，裁判官の補足意見も無かったことを鑑みれば，依然として不確定
要素のある判断基準であるといえよう。

　③については，前述した当事案の判示内容及び「著しく不適当」の意義にも
ある通り，特例的評価によることにつき，租税公平主義などの租税原則に反す
る合理的な理由があるかどうかである。

　そこで，当事案の租税公平主義に反する合理的な理由を見ると，被相続人及
び相続人らにおいて，甲物件及び乙物件の購入と借入れという行為（以下「当
行為」とする。）は，近い将来発生することが予想される相続において，その相
続税の負担を減じ又は免れさせるものであることを知り，かつ，これを期待し
て，あえて当行為を企画して実行したと認められる（事実認定）。そうすると，
当行為は意図的な租税回避であり，仮に当行為をしなければ相続税の課税価格
は6億円超であったものが，約2,826万円まで減少し，その結果として相続税
が0円となり，その負担が著しく軽減されている。したがって，当行為をせ
ず，またはすることのできない他の納税者と相続人らとの間で，看過し難い不
均衡を生じさせたことが租税公平主義に反するとしている。また，前述の通
り，著しい乖離を前提としているが，著しい乖離があることだけでは，租税公
平主義に反する合理的な理由とはならないとしている。

　すなわち，③の基準は，原則的評価それ自体に合理性が欠如しているという
のではなく，原則的評価による画一的な評価を利用した納税者による意図的な
租税回避行為（納税者の行為の介在）の有無が焦点となっており，原則的評価よ
りも特例的評価が高くなる場合が前提となっていること，かつ，①ないし③は

課税庁の運営・適用指針であることからも，主に課税庁側の判断基準になるといえよう。もっとも，納税者側においても，その判断基準の射程を知ることは，税務調査等を想定する上で有意義であることはいうまでもない。さらにいえば，どこまであるいはどういった行為が租税回避と認定されるかというのは個々の事例によるため，必ずしも明確ではなく，不確定概念であるといえよう。

　当事案及び①ないし③によれば，「著しく不適当」の1つめの判断基準は，他の合理的な評価方法が存在し，著しい価額乖離を前提として，租税回避行為の有無を重要な事実としていること（以下「租税回避基準」とする。）であると考えられる。

　他方，土地の評価の一種である無道路地[29]補正によっても十分に考慮されていない事情がある土地の評価は，評価通達ではなく不動産鑑定評価額によるとされた大阪地裁平成29年6月15日判決[30]では，租税回避基準とは別の合理的な理由が判示されている。その判示内容を要約すると，無道路地である丙土地の通路開設費用相当額は912万円であり，丙土地の不整形地補正後の価格である549万円すら上回っている。このように，丙土地を実際に宅地として使用するためには，接道義務を満たすために相当多額の費用を要し，現実的には雑種地として利用するしかないにもかかわらず，評価通達に定める無道路地補正では評価額に十分反映することができないことから，評価通達によっては適切な時価評価をすることができない特別の事情（合理的な理由）があるとしている。なお，丙土地は，原則的評価によれば329万円，特例的評価（不動産鑑定評価額）によれば220万円であった（当事案と比較すると，著しい価額乖離とは言い難いかもしれないが，判決で認められている以上，②でいう著しい価額乖離であるとする）。

　すなわち，上記でいう納税者の行為の介在はなく，客観性あるいは特殊性を有する諸事情が存在することにつき，原則的評価によること自体の合理性の有無が焦点となっている。例えば，地価の急激な高騰または下落であれば，その高騰の場合，原則的評価よりも特例的評価が低くなるので，主に納税者側の判断基準になるし，その下落の場合，原則的評価よりも特例的評価が高くなるの

で，主に課税庁側の判断基準になるといえよう。もっとも，どちらの場合も双方において，その判断基準の射程を知ることは，税務調査等を想定する上で有意義であることはいうまでもない。そしてこれも，③の基準と同じ理由から不確定概念であるといえる。

租税回避基準を踏まえたうえで，大阪地裁平成29年6月15日判決によれば，「著しく不適当」の2つめの判断基準は，他の合理的な評価方法が存在し，著しい価額乖離を前提として，原則的評価によることの合理性の欠如を重要な事実としていること（以下「合理性欠如基準」とする。）であると考えられる。

それから，山田重將氏の先行研究[31]によると，32の裁判事例を分析した結果，下記の4つの判断基準があるとされている。なお，これらの基準は，個別基準としてではなく，相互に関連するものとして存在することから，事例に応じて総合的に判断[32]すべきとされている。

① 評価通達による評価方法を形式的に適用することの合理性が欠如していること（合理性の欠如）
② 他の合理的な時価の評価方法が存在すること（合理的な評価方法の存在）
③ 評価通達による評価方法に従った価額と他の合理的な時価の評価方法による価額の間に著しい乖離が存在すること（著しい価額の乖離の存在）
④ 納税者の行為が存在し，当該行為と著しい価額の乖離との間に関連があること（納税者の行為の存在）

なお，①ないし③を主に判断基準としている価額乖離型と，①ないし④を主に判断基準としている租税回避型の2つの類型に分類されている。そして，上記の①と②，②と③，③と①及び④はおおむね同義であることから，租税回避基準は租税回避型，合理性欠如基準は価額乖離型であるといえよう。さらに，山田重將氏は，価額乖離型と租税回避型は統一的に考えることは可能であることから，あくまで①ないし④が判断基準になる[33]と述べている。

しかしながら，筆者が前述した通り，租税回避基準は，原則的評価それ自体に合理性は欠如していないものであるのに対し，合理性欠如基準は，原則的評価によること自体の合理性が欠如しているものであるから，両者を統一的に考

えるべきではない。そうすると，ニュアンスや表現方法が若干相違するだけで，これらは判例法理をベースにしていることからも，本質的には従来の判断基準とこれまで検討していた判断基準はほぼ一致するといえよう。

　以上のように，ここまで「著しく不適当」の判断基準がどこにあるのか検討してきたものをまとめると，租税回避基準と合理性欠如基準の２つの類型が確認できる。いずれもある程度の判断基準にはなりえるが，やはり不確定概念であることは前述した通りである。しかしながら，明確な基準を設ければ形式的になり，それを利用した租税回避も想定され財産評価の公平性を担保するという見地からも，課税実務上はやむを得ないのだと考えられる。

むすび

　これまで検討及び確認してきたように，ある程度の判断基準は判例法理等によって存在するものの，特例的評価にすべきかどうかの判断に悩む事案は少なからずあるだろう。租税回避基準でいうと，例えば，相続税対策も兼ねて，終の住まいとしてタワーマンションの１室を３億円で購入し居住を開始したが，その後の健康診断で余命６ヶ月の病を宣告され，その購入後10か月ほどで死亡し，相続開始があった場合（原則的評価によると９千万円）[34]のような事案では，被相続人のメモ，相続人らに対するヒアリング，不動産業者や金融機関でのやり取りの記録など，租税回避の意図の有無について確認・検討して申告しなければならないと考えられる。

　そこで，筆者が提案したいのは，時価評価と原則的評価で価額乖離が生じている相続財産等につき，原則的評価による価額に合理的な補正率を用いることによって，特例的評価を適用する状況を少しでも減らせると考えられる。つまり，租税回避基準において，時価評価と原則的評価の価額乖離差が僅少になれば，納税者側での租税回避行為も意味がなくなるであろう。また，合理性欠如基準においても，地価の急激な下落または上昇などの場合であれば，その影響度合いを考慮すれば，原則的評価の合理性は担保されるであろう。また，補正率という数値を単純に掛け合わせる方法によれば，相続財産等の算出も簡便

的であることから，租税原則に合致するし，納税者及び課税庁双方にとって好ましいものであると考える。

筆者の原則的評価によった価額に合理的な補正率を用いて価額乖離差を縮めるという考えに合致するものとして，例えば，マンションの評価に限定されるものであるが，国税庁の報道発表資料[35]（令和4事務年度分）によれば，マンションの相続税評価額[36]については，市場売買価格との間に大きな乖離が生じているケースが確認できるとして，評価通達の見直しが2023年7月現在検討中であるとされている。その資料によると，一定の要件を満たすマンションは，【現行の相続税評価額 × 当該マンション1室の評価乖離率（重回帰式[37]による理論的な市場価格）×最低評価水準0.6（定数）】で評価通達を令和6年1月1日から改正する方向となっており，原則的評価は時価評価の4割程度だったものが，6割程度（一戸建ての乖離率が平均すると6割程度であることに平仄を合わせたのであろう。）まで引き上げられるとされている。この流れの背景として，近年，特にタワーマンションの高層階は時価評価と原則的評価の差が大きいことから，この開差を利用した節税対策が注目されたことであり，こうした行き過ぎた節税（租税回避）に一定の歯止めをかけたものと考える。

現状（改正が行われることを前提としている。）としては，マンションの財産評価の一部のみに留まっている。確かに，個別的な諸事情が多分に影響している財産評価の事案については，特例的評価で対応せざるをえないとして，他に例えば，地価の急激な高騰または下落した場合では，どの程度を急激とするかは問題として残るものの，その高騰率または下落率を基礎にして時点修正して算出することなどが考えられる。また，評価通達はあくまで税務通達であるから，その改正につき，法令と比べてもし易いものといえよう。

以上により，上記に述べた合理的な補正率を用いることによって，できる限り原則的評価によった財産評価を行うことが，租税法律主義に基づく納税者の予測可能性の確保及び租税公平主義に基づく納税者間の公平，納税者の便宜，国の徴税費用の節減という見地からも，相続税法22条にいう時価評価と原則的評価の乖離差が縮まることによる相続税の理論的課税根拠の1つである富の再分配[38]機能を果たすという観点からも相当であると考える。

【注】

1）金子　宏『租税法（第 24 版）』（弘文堂・2021 年）734 頁。

2）日本国憲法 14 条「すべて国民は，法の下に平等であつて，人種，信条，性別，社会的身分又は門地により，政治的，経済的又は社会的関係において，差別されない。」が根拠となっており，租税は，納税者の担税力に応じて公平に負担されるべきであり，また，租税法規の適用に際しては各納税者に平等に取り扱わなければならないとする考え方をいう。

　　この租税公平主義について，金子宏氏は，「近代法の基本原理である平等原則の課税の分野における現れであり，担税力に即した課税と租税の公平ないし中立性を要請するものである。（中略）なお，租税制度は，公平や中立性の要請に適合するのみではなく，同時に効率および簡素の要請にも適合しなければならない。公平と効率が両立する場合には問題はないが，この両者は，しばしばトレード・オフの関係に立つ。その場合には，効率を優先させなければならないこともありえるが，しかし，原則としては公平を優先させるべきであろう。」と述べている。同上，88 頁，90 頁。

3）税務通達について，小池和彰氏は，「税務通達は，法源には該当しないと，言葉の上ではもちろん否定することはできよう。しかし税務通達は，納税者に対して，法的安定性と予測可能性を究極的には提供するのに役立っており，租税法律主義に抵触するどころか，実質的には，法律と同様の機能を有するものになっていることは否定できない。」と述べており，法源ではないが，課税実務上は，法源と同様の機能であるとの見解を示している。小池和彰「税務通達の実質的効力」税務弘報 64 巻 6 号 118 頁，2016 年 6 月。

　　同じく税務通達について，金子宏氏は，「行政組織の内部では拘束力をもつが，国民に対して拘束力をもつ法規ではなく，裁判所もそれに拘束されない。したがって，通達は租税法の法源ではない。（中略）しかし，実際には，日々の租税行政は通達に依拠して行われており，納税者の側で争わない限り，租税法の解釈・適用に関する大多数の問題は，通達に即して解決されることになるから，現実には，通達は法源と同様の機能を果たしている，といっても過言ではない。」と述べており，上記の小池氏と金子氏の見解を示している。同上，116 頁。

4）日本国憲法 30 条「国民は，法律の定めるところにより，納税の義務を負ふ。」と同 84 条「あらたに租税を課し，又は現行の租税を変更するには，法律又は法律の定める条件によることを必要とする。」が根拠となっており，法律の根拠がなければ，租税を賦課されたり，徴収されたりすることがないとする考え方をいう。

　　この租税法律主義について，北野弘久氏は，「日本国憲法の保障する「納税者基本権」を具体化・実現するための，つまり法実践のための基本的道具概念として位置づけられる。」と述べている。北野弘久（著）・黒川功（補訂）『税法学原論（第 8 版）』（勁草書房・2020 年）96 頁。

5）平成 16 年（行コ）第 95 号（大阪高裁平成 17 年 5 月 31 日判決）。

6）不動産鑑定士が不動産鑑定評価基準に基づいて，不動産の価値や収益性，周辺の取引事例などの経済価値のみで客観的に不動産を評価した価格をいう。

7）主に株式の評価が困難な非上場会社における株式の価値を評価するためのものである。詳しくは，日本公認会計士協会『企業価値評価ガイドライン 改訂版』（日本公認会計士協会出版局・2013 年）参照。

8）前掲注 5。

9）品川芳宣・緑川正博『徹底解明 相続税財産評価の理論と実践』（ぎょうせい・2005 年）253 頁。

10）平成 9 年（行ウ）第 232 号（東京地裁平成 11 年 3 月 25 日判決）。

11）山田重將「財産評価基本通達の定めによらない財産の評価について─裁判例における「特別の事情」の検討を中心に─」税務大学校論叢 80 号 187 頁，2015 年 7 月。

12）品川・緑川・前掲注 9，同頁。

13）令和 2 年（行ヒ）第 283 号。

14）平成 31 年（行コ）第 9 号。

15）平成 19 年（行コ）第 7 号。

16）与良秀雄・渡邉正則『判例・裁決例にみる 評基通によらない財産評価─「特別の事情」の存否─』（新日本法規出版・2019 年）5 頁。

17）前掲注 13。

18）一連の判示内容確認のため，上記 2 の第 1 にて引用済の判決文も再掲している。

19）税務研究会発行の週刊税務通信（3719 号，3721 号，3725 号）による国税庁への取材に基づいたもの。

20）総則 6 項の今後の運用体制を国税庁に取材①「週刊税務通信」税務研究会 3719 号 6 頁，2022 年 9 月。

21）笹岡宏保『令和 4 年最高裁判決でこうなる！！ ケーススタディ評価通達 6 項の是否認ポイント』（ぎょうせい・2023 年）150 頁。

22）山田・前掲注 11，222 頁。

23）同上，同頁。

24）前掲注 6。

25）前掲注 7。

26）山田・前掲注 11，222 頁。

27）笹岡・前掲注 21，151 頁。

28）総則 6 項の今後の運用体制を国税庁に取材②「週刊税務通信」税務研究会 3721 号 2 頁，2022 年 9 月。

29）道路に接していない土地及び道路に接しているものの間口が狭く接道義務を満たしていないため，建物の建築等ができない土地をいう。実際に利用している道路に接道を満たしているとした場合の不整形地としての評価額から，接道義務を満たすための通路開設費用を控除して無道路地を評価する。

30) 平成 24 年（行ウ）第 259 号。

31) 山田・前掲注 11，188-217 頁。

32) 同上，220 頁。

33) 同上，258 頁。

34) 笹岡・前掲注 21，127 頁。

35) 国税庁 HP　https://www.nta.go.jp/information/release/index.htm

36) 現在の評価通達におけるマンションの評価方法は以下の通りである。

　　マンション（一室）の相続税評価額（自用の場合）＝ 区分所有建物の価額（イ）＋ 敷地（敷地権）の価額（ロ）

　　① 区分所有建物の価額 ＝ 建物の固定資産税評価額（注 1）× 1.0

　　② 敷地（敷地権）の価額 ＝ 敷地全体の価額（注 2）× 共有持分（敷地権割合）

　　（注 1）「建物の固定資産税評価額」は，1 棟の建物全体の評価額を専有面積の割合によって按分して各戸の評価額を算定

　　（注 2）「敷地全体の価額」は，路線価方式又は倍率方式により評価。

37) 統計学上のデータ解析手法のひとつであり，統計用語で「重」は「複数」，「回帰」は「因果関係」を意味する。つまり，ある結果（目的変数）を説明する際に，関連する複数の要因（説明変数）のうち，どの変数がどの程度，結果を左右しているのかを関数の形で数値化し両者の関係を表し，それを元にして将来の予測を行う統計手法のことをいう。当該マンション評価見直し案でいえば，築年数，総階数，所在階，敷地持分狭小度の 4 つの要因に基づいて，乖離率という結果をどの程度決定づけているのか分析し，評価対象マンション 1 室の各変数から，将来の市場価格を予測している。

38) 水野正一『21 世紀を支える税制の論理 第 5 巻 資産課税の理論と課題（改訂版）』（税務経理協会・2005 年）159-164 頁。

───── 第 **10** 章 ─────

事業所得の必要経費と
同族会社の損金に関する問題点

石川　望

はじめに

　令和3年度における我が国の法人数は286万4,386社であり，そのうち，96.5％が同族会社に該当している（単体法人のみ）[1]。このように，我が国の法人の大多数が，親族関係者等に支配されている閉鎖的な会社となっている[2]。

　また，平成18年5月1日に会社法が施行され，最低資本金制度が廃止された。これによって，法人の設立要件が緩和され，法人の設立が容易となったのである。

　このように，我が国の法人の大多数が同族会社であることや，近年の法人設立要件等を考慮すると，個人事業主と実態が極めて近い同族会社が存在すると考えられる。

　個人事業主と同族会社は，所得税法の必要経費と法人税法の損金の取扱いの違いにより，課税所得が異なり，税負担の差異をもたらしている。この差異が事業形態の選択に影響を与えていると考えられる。本来，個人事業主と同族会社の実態が同様であれば，損金と必要経費の取扱いも同一にすべきであり，それにより公平な課税制度が実現することになろう。

　まず，必要経費と損金の取扱いについて確認し，取扱いの違いを明らかにする。次に，この取扱いの違いにより生じている問題点について指摘する。最後に，同様の実態を有する個人事業主と同族会社の税負担について，公平な課税制度とすべき方法を検討する。

Ⅰ．必要経費及び損金の意義と異同点

1．必要経費の基本的考え方

　所得税法は，所得を 10 種類に分類し，それぞれの所得について金額を計算し，それらを合算することで総所得金額を計算する仕組みをとっており，その各種所得金額の計算過程で必要経費が控除される。そのうち，所得税法が必要経費という用語を使用しているのは，事業所得等 4 種類の各所得（不動産，事業，山林，雑）である [3)]。

　所得税法における必要経費は，所得税法第 37 条第 1 項に一般的規定がある。同条によれば，「その年分の不動産所得の金額，事業所得の金額又は雑所得の金額の計算上必要経費に算入すべき金額は，別段の定めがあるものを除き，これらの所得の総収入金額に係る売上原価その他当該総収入金額を得るため直接に要した費用の額及びその年における販売費，一般管理費その他これらの所得を生ずべき業務について生じた費用（償却費以外の費用でその年において債務の確定しないものを除く。）の額。」と規定している。

　このように，所得税法では，必要経費について一般的な規定はしているものの，その範囲は漠然としたものとなっている。

　必要経費控除は，投下資本の回収部分に課税が及ぶことを避けることを目的としており，それは，所得計算上の純所得の算定において重要である [4)]。

2．別段の定めによる必要経費

　必要経費については，所得税法第 37 条で一般的な規定が示されているが，次に掲げる費用については別段の定めにより必要経費に算入されない [5)]。

① 　家事上の経費およびこれに関連する経費

② 　租税公課等

　家事費及び家事関連費については，別段の定めにより必要経費不算入の取り扱いとなっている。家事費とは食費・住居費・衣服費・娯楽費・教養費等のよ

うに個人の消費生活上の費用のことである。個人事業者は事業活動と消費活動の二つの側面を有しているため，所得税法では消費活動としての側面を有している家事費を必要経費に含めないこととしている。

　また，家事関連費とは，接待費・交際費などにその例が多いが，必要経費と家事費の両方の要素を有している支出のことである。所得税法では，原則として家事関連費は必要経費として認められない。

3．親族が事業から受ける対価の特例

　所得税法第56条（以下「56条」という）では，事業から対価を受ける親族がある場合の必要経費の特例を定めている。56条では，家族を一体とみて，家族間の支払いは必要経費算入を認めない代わりに，家族個人の所得にも算入せず，第三者が絡めばそれに支払うのは事業主の必要経費であることを定めている[6]。これは，家族的事業においては恣意的な取決めによる所得の分割が可能であり，家族間における所得の分散を通じた税負担の軽減が可能であるため，それを防止する規定として設けられている。

　齋藤信雄氏も同様の指摘をしており，それ以外の他の2点についても指摘している[7]。

　「この規定が設けられた当初の趣旨は，『要領のよい納税者に対する，"抜け道封じ"のための個別申告制の制限措置』であり，その理由として，①わが国では，必ずしも家族従業員に対して給与等対価を支払う慣行がないこと，②家族間の恣意的な取決めによる税負担のアンバランスをもたらすことを防止する必要があること，③対価の金額について，客観的に合理的な対価の額を算出することが実際上困難であること，という3項目をもって説明される。」

　ただし，所得税法第57条（以下57条）において青色事業専従者に対する規定が定められている。当該規定では，青色申告をする事業者が，生計を一にする配偶者その他の親族で，専らその事業者の営む事業に従事する者に対する給与については，必要経費に算入することを認めている。

　この規程は，56条により，個人事業の税負担が法人成りした企業の税負担に比して重くなるため，この税負担の公平を図ることを目的として，青色事業

専従者給与が認められているのである[8]。

　このように，56条では，生計を一にする親族に対する必要経費は原則必要経費として認められないが，57条により，青色事業専従者については相当の金額が必要経費として認められる。よって，56条の規定のうち青色事業専従者に対する給与については，57条によりその効力が失われている[9]。しかし，生計を一にする親族に対する地代，家賃の支払いについては，基本的には56条の規定により認められない。

　法人税法における所得の金額は，法人税法第22条において，「内国法人の各事業年度の所得の金額は，当該事業年度の益金の額から当該事業年度の損金の額を控除した金額」と規定されている。更に，損金の額については，法人税法第22条第3項において次のように規定されている。

　内国法人の各事業年度の所得の金額の計算上当該事業年度の損金の額に算入すべき金額は，別段の定めがあるものを除き次に掲げる額とする。

① 　当該事業年度の収益に係る売上原価，完成工事原価その他これらに準ずる原価の額
② 　前号に掲げるもののほか，当該事業年度の販売費，一般管理費その他の費用（償却費以外の費用で当該事業年度終了の日までに債務の確定しないものを除く。）の額
③ 　当該事業年度の損失の額で資本等取引以外の取引に係るもの

　このように，法人の資本等取引以外の全ての費用及び損失は，法人の損金の額として通常は計算されている。このことについて金子宏氏も次のように述べている[10]。「損金とは，原則としてすべての費用と損失を含む概念として捉えるべきである。」

　資本等取引に基づく損失については，資本の持ち出しと考えられ，企業の損益とは無関係であるため，資本等取引に基づく損失は，所得計算上は計算外とされる[11]。

　以上のように，法人税法における損金の額は，法人の剰余を減少させる原価・費用・損失の全てを含むものであるが，資本等取引に係る損失の額は，損

金の額から除かれることとなっている。

　所得税法第37条第1項では，必要経費の原則的な規定をしており，一方，法人税法第22条第3項では，損金の原則的な規定をしている。

　原則的な規定を比較すると，次のようにまとめられる。

① 　原価の額

　所得税法では，総収入金額に係る売上原価の額と規定しており，法人税法では，当該事業年度の収益に係る売上原価，完成工事原価その他これらに準ずる原価の額と規定しており，両規定における差異はないものといえる。

② 　販売費及び一般管理費

　所得税法では，その年における販売費，一般管理費その他これらの所得を生ずべき業務について生じた費用の額と規定しており，法人税法では，当該事業年度の販売費，一般管理費その他の費用の額と規定していることから，販売費及び一般管理費についても，両規定に差異はないものといえる。

③ 　損失の額

　法人税法では，当該事業年度の損失の額で資本等取引以外の取引に係るものと規定しており，法人の損失で資本等取引以外のものは，原則として損金の額に算入されることとなる。一方，所得税法では，譲渡に係る損益については，事業所得と分離し，原則として譲渡所得として取り扱う点については異なっている。しかし，事業用資産の取り壊し，除却，滅失等による損失，及び事業遂行上生じた売掛金，貸付金等の貸倒損失は必要経費として認められる。よって，譲渡損益の原則的な取り扱いに差異はあるものの，損失の額についても両規定に大きな差異はないものといえる。

　このように，必要経費の額と損金の額の原則的な取扱いについては，両者に大きな差異はないものといえる。これについて，北野弘久氏は次のように述べている[12]。「法人税も所得税も『所得』に対して課税するものであるから，その所得金額の計算方法は基本的に同じであってよいはずであり，それゆえ，所

得税法上の必要経費の内容も基本的には法人税法上の『損金』概念と同様に考えられる。」しかしながら，所得税法では，必要経費の範囲から家事費及び家事関連費を明確に区分することを重視している。これについて北野弘久氏は次のように述べている[13]。「法人の場合にはその活動のすべてが利益追求活動であるといえるのに対して，個人の場合には利益追求活動のほかに消費活動も営んでおり，法人の場合ほど単純に支出を控除しえない面がある。」

　北野弘久氏が指摘するように，個人事業者は消費活動の主体としての側面も有するため，その支出のうち，所得の処分とみられる「家事費及び家事関連費」については，容易に必要経費として認められていない。

　以上のように，損金と必要経費は文言上の大きな差異はないものといえるが，必要経費は「直接に要した費用」と規定されている点や，「家事費及び家事関連費」を排除する必要性があるなど，法人の場合ほど個人の支出は，必要経費として単純に認められていない。

Ⅱ．必要経費と損金の問題点

1．税制調査会答申等での問題点

　昭和 31 年の臨時税制調査会の答申（以下「昭和 31 年答申」と呼ぶ）では，個人事業主と同族会社の税負担の問題点を議論している。

　戦後，我が国の法人数は急激に増加しており，戦後毎年 4 万〜 8 万の法人が設立され，そのほとんどが個人事業主の法人成りによる同族会社であった[14]。法人成りが増加した理由として，個人事業主に比べ法人のほうが税負担が軽くなることが，法人成りが増加した理由となっていたため，個人事業主と法人の税負担の均衡を図ることが検討された。

　「昭和 31 年答申」では，法人成りにより税負担が軽減されることを問題として取り上げており，解決について一定の方向性を示している。しかしながら，具体的な税制改正は行われなかったため，その後も同様の割合で法人成りは続いたのである。

　近年の税制調査会で，法人成りについて議論が行われたのは，平成 26 年の

税制調査会である。同調査会では，「個人・法人間の税制上の違いによって法人を選択する『法人成り』の歪みを取り除くべきではないか[15]。」と指摘している。平成26年の税制調査会においても，法人成りの問題として，家族従業員に対する給与の支払いや給与所得控除の問題等について議論が行われた。同調査会では，法人成り問題は是正すべきとしながらも，対応としては給与所得控除の検討という形にとどまり，具体的な改善策の提案は行われなかった。

令和4年度の税制審議会では，企業を促進する小規模企業等に係る税制のあり方について審議・検討がおこなわれている。その中で，小規模企業等に係る現行の税制について，個人事業と法人事業との間に次のような差異があるとしている[16]。同審議会では，これらの差異について「事業形態の選択に中立的ではなく，小規模企業者間の課税上のバランスが損なわれている[17]。」と指摘している。このように，平成26年の税制調査会と同様の議論がなされているが，これは平成26年以降に法人成りに伴う税制上の歪みを取り除く具体的な改正が行われていないためである。

法人成りによる税制上の違いにより，同一の事業を営んでいる場合であっても，個人形態か法人形態かの選択によって，税負担に不公平が生じる結果となる。筆者は，この事業形態の選択による税負担の不公平は問題であると捉えている。

この事業形態の選択，いわゆる法人成りについては，税制上のメリット・デ

		個人事業（所得税制）	法人事業（法人税制）
i	欠損金の繰越控除期間	3年	10年
ii	減価償却制度	強制償却	任意償却
iii	事業用土地建物等の譲渡損失の取扱い	他の所得との損益通算不可	当該年度の企業利益に反映
iv	親族が事業から受ける給与・地代・家賃等の対価の取扱い	必要経費算入不可	適正額の損金算入可能
v	事業税の課税範囲	70業種（限定列挙）	全ての事業

メリットを考慮して事業形態を選択する側面が多分にあり，それは問題であると筆者は考える。

　その点について，坂井一雄氏は，オーナー経営者は個人形態と法人形態を比較し，税負担が少ない方を選択することができ，税制上のメリットを享受することが可能であると指摘している[18]。つまり，税制の相違が事業形態の選択に影響を与えているといえる。

　現行制度上，法人成りの問題点は，事業形態によって適用される税制が異なり，同一の事業内容であっても，法人形態を選択することで税負担が減少することである。平成18年度の税制審議会では，個人形態であっても法人形態であっても，事業の実態が同様であれば，課税の仕組みや負担も同様のものが望ましいと指摘しており，筆者も同様の見解である[19]。

　法人成りにおける問題点として取り上げた，給与所得控除の問題，親族への対価の問題を含めた必要経費と損金の取扱いの相違点など，同一事業内容における個人形態と法人形態の税制の取扱いを同様にする制度設計をすべきであると筆者は考える。

　事業形態の選択による税制上の問題点として，税制調査会で常に議論の中心となってきたのが，代表者への給与の支払いと，それに対する給与所得控除の問題である。

　経費の二重控除の問題を解消すべく創設された二つの制度は，現在どちらの規定も廃止され，経費の二重控除問題は解消されていない状況である。

　しかしながら，近年は二重控除問題の解消に向けて，給与所得控除額の上限額の設定及び上限額の引下げが行われている。

　このように，給与所得控除の問題は，新たな制度の創設ではなく，現行制度の改正という形で，問題の解消を図っている。

　現行制度上，給与所得控除がオーナー経営者に適用される限り経費の二重控除の問題は解決されないのである。

　事業形態の選択には，法人税法と所得税法の課税所得の違いが影響を与えていると考えられている。課税所得の違いをもたらす主な要因としては次のようなものが挙げられる。

　生計を一にする親族に対する対価については，56条の規定により必要経費とならない。

　ただし，給与については，青色事業専従者給与が認められているため，青色申告者であれば，課税所得に差異は生じない。

　また，生計を一にする親族に対する退職金及び地代家賃や借入金の利子は，法人税法では損金として認められるが，所得税法では必要経費として認められないため，課税所得に差異が生じることとなる。

　本来，56条の規定は，戦前の家族単位主義から個人単位主義に移行する際に，家族構成員への所得の分割を防止するため設けられた制度である[20]。56条の趣旨は，要領のよい納税者に対する抜け道封じのための規定であった。しかしながら，昭和25年の税制改正により，個人単位課税の例外として，56条の原型である「みなす事業所得[21]」の規定が設けられてから相当の期間が経過し，56条が創設された理由に変化が起きている。

　創設理由が大きく変化しているならば，56条もその存続を検討しなければならないのではないだろうか。この点について，斎藤信雄氏は，家族の形態が大きく変化し，個人事業の形態も変化した現在，56条の創設理由は崩れていると指摘している[22]。

　また，妻税理士事件のように，独立した事業を営む夫婦間の取引であっても，「生計を一にする」という要件によって，必要経費とならない判例がある。これについて三木義一氏は56条の廃止を視野に入れるべきとし，個々に独立した業務を営む場合にまで，家族という理由のみで必要経費として認められないという規定は，必要ないものと言えるのではないだろうかと指摘している[23]。

　このような時代背景などの変化や判例などを考慮すると，課税所得に差異をもたらす要因の一つである56条については，制度を見直すべきであると筆者は考える。

　減価償却費の最大の違いは，任意償却と強制償却の違いである。この違いが，課税所得が異なるという問題の要因となっている。

　また，法人の場合は繰越欠損金の控除期間との兼ね合いから，あえて減価償却を行わず，繰越欠損金の控除を選択する場合も考えられる。

　このような結果として，法人が減価償却費の計上を償却限度額まで行わなかった場合には，同様の事業を営む場合であっても，法人と個人事業主の課税所得が異なる結果をもたらすこととなる。

　この課税所得の相違が，事業形態の選択に影響を与えており，一般的に法人成りのメリットとして認識されていることから，一定の同族会社と個人事業主については，減価償却方法を統一すべきであると筆者は考える。

むすび

　事業形態の選択によって税負担の不公平が生じることは問題であり，実態が同様である場合には，同一の規定により課税所得が計算されるべきであると筆者は考える。

　それでは，個人事業主と状況や実態が同様である同族会社を，どのような基準で設定すべきなのであろうか。

　現行の同族会社を基準として，制度の取扱いを統一した場合の問題として，神川和久氏は，現行の規定では，対象となる同族会社が広範囲に及び，個人事業主と同様の実態を有しない同族会社まで対象となる恐れがあると指摘しており，対象となる同族会社を更に狭める必要がある[24]。

　そこで考えられるのが，現在は廃止された特殊支配同族会社である。個人事業主と事業実態が変わらない同族会社を，特殊支配同族会社の要件に該当する同族会社とすることについて，坂井一雄氏は次のように述べている[25]。

　「個人事業者と同様に，経営が 1 人の者（業務主宰者）によって行われ，また他の取締役も関係者であって，そのような者により事業が行われている実態を有することが重要であると考えられることが理由である。」

　このように，業務主宰者が支配している同族会社は，その業務主宰者の意思によって経営判断がされていることから，実質的に個人事業主と同様であると考えられる。

　この特殊支配同族会社に該当する同族会社については，個人事業主と課税所得を同様とする制度を設け，課税所得に差異が生じない制度設計を行うべきで

ある。

1．役員報酬における給与所得控除の問題点

　事業形態の選択による問題として，常に議論の中心となってきたのが，代表者に対する給与の支払と，それに伴う給与所得控除の問題である。

　この問題については，法人成りのメリットである代表者に対する給与所得控除の規制を行い，「経費の二重控除」の問題を解消すべきである。

　給与所得控除については，特殊支配同族会社の業務主宰役員のような，株主と代表者がほぼ同一の場合，実質的に給与所得として給与所得控除を適用することが妥当なのであろうかという疑問が生じる。

　そこで，給与所得の定義とはどのようなものなのであろうか。給与所得の定義について，小池和彰氏は次のように述べている[26]。

　「判例の積み重ねにより形成された給与所得の定義によれば，『非独立的』すなわち『自己の危険と計算によらない』で，『従属的』すなわち『時間的空間的拘束を受け』，『使用者の指揮命令に服する』ならば，給与所得になるというのであるが，逆にいうと，『独立的』すなわち『自己の危険と計算による』で，『非従属的』すなわち『時間的空間的拘束を受けない』，『使用者の指揮命令に服さない』ならば，事業所得となると考えられているのである。」

　小池和彰氏が指摘するように，「独立的」で「非従属的」な場合は事業所得と考えられるのであれば，業務主宰役員のように，株主と代表者の地位を同一の者が有している場合，業務主宰役員に対する報酬は，給与所得としての性質よりもむしろ事業所得としての性質の方が強いのではないだろうか。

　事業所得としての性質が強いのであれば，報酬を得るために生じた経費は，法人の経費となり，業務主宰役員が報酬を得るための経費は実際にはほぼ無いものに等しい。

　このような現状を考慮すると，業務主宰役員に対する報酬については，給与所得控除を実額控除のみにすべきである。実額とすれば，先に述べたように，実質的な経費は法人の経費となる事から，現実には給与所得控除の額は無いものと想定される。給与所得控除の額がないものとすれば，個人事業主との税負

担の相違点であった給与所得控除部分が解消されることとなる。

　このように，業務主宰役員に該当する役員に対する給与所得控除を実額控除にすることで，経費の二重控除の問題は解消されるものと考えられる。

２．課税所得の違いによる問題点

（１）親族が事業から受ける対価の特例

　56条は，恣意的な所得の分割による税負担軽減を防止する規定であったが，同制度の存在が，逆に，税負担軽減のための法人成りの要因となっている。

　法人成りと56条の関係について，山本守之氏は56条が恣意的な所得の分割による税負担軽減を防止する規定であったが，同制度の存在が，逆に，税負担軽減のための法人成りの要因となっていると指摘している[27]。

　このように56条は，創設当時と個人事業のあり方や納税環境が大きく変化している事，57条や法人成りによりその効果が失われている事，同一の事業規模の法人と個人事業の課税所得の相違をもたらす事や，同規定の存続が逆に租税回避を目的とした法人成りの要因となっている事等を考慮すると，56条は廃止するべきである。

　廃止により，個人事業主であっても，生計を一にする親族に対する給与及び退職金の支払が全額必要経費となり，また，地代家賃や借入金の利子の支払も同様に必要経費として認められることになり，個人事業主と同族会社の課税所得は同一のものとなる。

（２）償却方法の違いによる問題点

　事業の実態が同様の同族会社と個人事業主については，償却方法を統一し，課税所得の差が生じない制度にすべきである。統一の方法としては，強制償却が適切ではないかと筆者は考える。

　事業形態の選択と減価償却について，平成26年の税制調査会では任意償却によって利益調整が行われていることを指摘しており，任意償却が事業形態の選択における一つの要因となっていると指摘している[28]。

　個人事業主と実態が変わらない同族会社については，任意償却は償却金額に

恣意性が働きやすく，利益調整を行いやすい。このような問題点を考慮すると，第1節で規定した特殊支配同族会社については強制償却を採用すべきであると筆者は考える。

　本論文では，事業の実態が同様である個人事業主と同族会社の必要経費と損金の差異から生じる課税所得の差異を解消し，個人事業主と同族会社の税負担の公平を保つ制度設計の検討をしてきた。

　給与所得控除については，同族会社を特殊支配同族会社の範囲に限定したうえで，特殊支配同族会社の業務主宰役員に対する給与所得控除は，実額控除にすべきであると提案した。これにより，法人成りのメリットである「経費の二重控除」という問題は解消されることになる。

　親族に対する給与等の対価の支払の問題については，56条の廃止を提案した。これにより，生計を一にする親族に対して支給する退職金や地代家賃が必要経費として認められる。

　減価償却費の問題については，特殊支配同族会社については強制償却にすべきであると提案した。

　必要経費と損金の相違により，実態が同様である個人事業主と同族会社の課税所得に差異が生じている。事業の実態が同様であれば，課税の仕組みや税負担を同様にすべきであると考え，筆者はいくつかの提案を行った。もっとも，法人税法と所得税法の限界税率には違いがあって，税負担を完全に公平にすることは，困難である。

【注】

1) 国税庁「令和3年度分会社標本調査─調査結果報告─」2023年3月。[https://www.nta.go.jp/publication/statistics/kokuzeicho/kaishahyohon2021/pdf/R03.pdf]
2) 坂井一雄「小規模企業に対する課税のあり方について─小規模企業に対するパス・スルー課税の検討を中心に─」税務大学校論叢81号2頁，2015年7月。
3) 植松守雄「所得税法における「必要経費」と「家事費」」一橋論叢80巻5号40頁，1978年11月。
4) 濱田　洋「必要経費における「関連性」」一橋法学第14巻第2号478頁，2015年7月。
5) 水野忠恒『租税法［第5版］』（有斐閣・2011年）258頁。

6）同上，257 頁。

7）齋藤信雄「親族が事業から受ける対価の取扱いについての一考察」税務大学校論叢 30 号 289 頁，1998 年 6 月。

8）金子　宏『租税法［第 21 版］』（弘文堂・2016 年）292 頁。

9）齋藤・前掲注 7，261 頁。

10）金子・前掲注 8，315 頁。

11）武田昌輔『立法趣旨　法人税法の解釈［平成 10 年度版］』（経済詳報社・1998 年）61 頁。

12）北野弘久『現代税法講義［五訂版］』（法律文化社・2009 年）66 頁。

13）同上，66 頁。

14）相原安夫「みなし法人課税選択制度をめぐる諸問題」税務大学校論叢 9 号 50 頁，1975 年 5 月。

15）税制調査会法人課税ディスカッショングループ平成 26 年 5 月 9 日会議資料「法人成り問題を含めた中小法人課税」23 頁，2014 年 5 月。

16）日本税理士会連合会税制審議会「企業を促進する小規模企業等に係る税制のあり方について─令和 4 年度諮問に対する答申─」8 頁，2022 年 12 月。

17）同上，8 頁。

18）坂井・前掲注 2，30 頁。

19）日本税理士会連合会税制審議会「中小企業の事業形態と税制のあり方について─平成 18 年度諮問に対する答申─」2 頁，2006 年 12 月。

20）金子・前掲注 8，190 頁。

21）齋藤・前掲注 7，262 頁。

22）同上，342 頁。

23）三木義一「生計を一にする親族間の対価の支払と所得税法 56 条」税理第 46 巻第 14 号 15 頁，2003 年 11 月。

24）神川和久「法人税法上の損金と所得税法上の必要経費の範囲とその異同及び問題点─同族会社と個人事業者を中心として─」税務大学校論叢 58 号 368-369 頁，2008 年 6 月。

25）坂井・前掲注 2，160-161 頁。

26）小池和彰『給与所得者の必要経費［増補改訂版］』（税務経理協会・2017 年）19-20 頁。

27）山本守之『租税法要論［3 訂版］』（税務経理協会・1998 年）286 頁。

28）前掲注 15，23 頁。

────── 第 **11** 章 ──────

遺贈寄付の課題
―死んだら民間非営利団体に―

丹野　彰

はじめに

　死んだら多額の財産がある人は使いきれなかった財産を誰かに渡すことにな
る。法律上財産を受ける人がいないときには相続財産は国庫に帰属する。

　国の財政状態をみると，我が国の令和3年度国民貸借対照表では総資産724
兆円に対し負債総額1,411兆円であり資産負債差額は▲687兆円の赤字であ
る。

　負債総額のうち公債発行残高は1,114兆円となっている[1]。国の財政赤字の
穴埋めに遺産を国庫に帰属するのも選択の一つかもしれない。ここでは課税関
係は生じない。

　弁護士から聞いた話で，相続人のいない人でも，身の回りの世話をしている
人は必ずいる。その方は遺言書を作成していなかった。その方の身の回りの世
話を献身的に行っていた人，つまり「特別縁故者」がいた。裁判所で認められ
た「特別縁故者」は遺産総額（1億円）の内から300万円を渡されたそうだ。
残余金は国に帰属された。このようなケースは数多くあるようだ。法律上財産
を受ける人がない場合でも，亡くなった人の財産が当然に国庫に帰属されるの
は腑に落ちない。

　そこで，上記の通り財政赤字で財源のない国が行う公共公益活動に依存する
のはあきらめて，次世代のために，まじめに活動をしている団体に死んだら自
分の財産を寄付したらどうだろうか。特に日本は高齢化社会となり「遺贈寄

付」といわれる寄付への関心が高まっているようだ。

　遺贈寄付とは聞きなれない言葉なので，遺贈と寄付に分けてその意味を調べてみた。広辞苑によると，遺贈とは遺言で財産を他人に無償で譲与することをいう[2]。同様に，寄付とは公共事業または社寺などに金銭・物品を贈ることをいう。遺贈と寄付の定義を掛け合わせた造語が遺贈寄付という。

　遺贈寄付は，法律上財産を受ける人がいない場合に，無条件で国庫に帰属されないための方法として，自分の意思で自分の財産の提供先を遺言によって決める法律行為である。

　自分の財産だから死んだら自分の思い通りに財産を移したいという気持ちが沸いてくるだろう。ここに，積極的に寄付という考えが出てくる。大切なのは自分の気持ちを遺言書に書くことである。この遺言書が遺贈寄付である。

　この遺贈寄付をすることによって，はじめて相続税及び所得税の課税関係が生ずることになる。

　ここでは民間非営利団体に寄付をした場合（国又は地方公共団体を除く。）の本来の課税関係である相続税及び所得税に限定して論じ，寄付金控除については触れないこととする。

Ⅰ．遺贈寄付とは

（1）民法規定による遺贈寄付

①　被相続人による死因贈与又は遺贈

　被相続人（寄付をする人）と遺贈寄付を受ける民間非営利団体との間で直接契約をして寄付を行う（贈与，死因贈与）には，契約を締結する過程において，双方の事情や都合をお互いに十分理解する機会を設ける必要がある。寄付者の死亡後になされる寄付の場合（遺贈，死因贈与）には，相続人がいる時は残された法定相続人の意見に押し切られ，寄付がなされないことにもなりかねない。確かに，遺言書は相続人全員の同意があれば書き換えは自由であり，気が変われば寄付をやめることもあり得る。予め寄付先の民間非営利団体に相談するのは気が引けたり，また，家族にあらかじめ話しておくことに抵抗を感じた

りすることもあるだろう。ただし，寄付者の思いを確実に実現するためには，法律上のいずれの方法をとるにせよ，関係者のコミュニケーションが大切である。

② 相続人からの相続財産の寄付

相続人による寄付は，遺産を相続した相続人が民間非営利団体に対して寄付をするもので，上記の法形式をとると贈与になる。つまり，相続人が民間非営利団体との間で贈与契約を結ぶことで実現することができる。そのため，被相続人（亡くなった方）の寄付をしたいとの意思を相続人に理解してもらわないと実現できない。

相続による場合には，被相続人の意思を相続人に伝える方法として，手紙，エンディングノートや遺言書の付言事項等がある。誰に対して何をいくら寄付したいのか，つまり寄付してもらいたい分野や動機，経緯などを書いておくといいだろう。

もっとも，これらの方法は，寄付をする義務を負わせるものではない。法的に確実に寄付したい場合には，相続人の協力が不要な遺贈による寄付の方が適切である。

③ 遺留分

本論文では相続人が存在しないことを前提としているので遺留分を論ずる必要はないが，相続人がいて，遺言により相続を排除している場合もあるので説明する。

遺留分とは兄弟姉妹以外の相続人（配偶者及び直系卑属）に法律上保障された相続財産についての取り分である。この取り分に満たない相続財産しか取得できなかった相続人は，遺贈等で財産を受けた者に対して，その不足分の金銭の支払いを請求することができる。

遺留分は，原則，法定相続分の2分の1である。ただし，相続人が直系尊属（父母や祖父母のこと）のみであるときは3分の1になる。また，兄弟姉妹に遺留分はない。遺留分を侵害した遺言書であっても無効にならない。遺言に書か

れたところに従って遺産は承継されることになる。遺留分を侵害された遺留分権利者は，遺留分侵害請求をすることができる。

　遺留分を侵害された遺留分権利者が，遺留分を侵害した贈与や遺贈を受けた者（受贈者，受遺者）に対して金銭の支払いを請求することができるのが遺留分侵害請求である。寄付が遺留分を侵害していると，民間非営利団体が支払を請求される事態も生じる。遺留分侵害請求権の行使には期間制限がある。遺留分権利者は期間内に，遺留分の侵害した受贈者や受遺者に対し，遺留分侵害額請求をする旨の意思表示をする。

　民法には，遺留分権利者が相続の開始と遺留分を侵害する贈与や遺贈があったことを知った日から1年で時効となることが定められている。相続の開始や贈与，遺贈を知らなくても，相続開始から10年を経過してしまうと請求権は消滅する[3]。

④　おひとり様による遺贈寄付

　これからの相続財産移転に関する課題の一つに老老相続が進み，連れ合いが亡くなることで子供や配偶者などのいないいわゆる「おひとり様」が増加する傾向が高まる。

　相続における「おひとり様」とは，法定相続人が誰もいない状態をいう。「おひとり様」のなかには多額の財産をお持ちの方が少なからずいる。その方は，自分の介護生活を終え余剰財産について相続人が存在しないときは，国庫に帰属することになる。そこで生前に所有する財産について遺贈寄付の遺言書作成をする必要に迫られる。

Ⅱ．遺贈寄付に関する税務

（1）遺贈寄付の種類

　遺贈寄付は次の3つに分けられる。

　一つ目は遺言による寄付で，死亡した個人（被相続人）が相続財産の全部又は一部を民間非営利団体に寄付することを遺言で残す（死因贈与もある）こと

区分		寄付の意思を伝える方法	個人側に関る法令	民間非営利団体側に関わる法令
遺言による寄付	現金	財産の全部又は一部を民間非営利団体に寄付することを遺言に残す（死因贈与契約の方法もある）。	・所法78条4	・相法12条1-3 ・相法66条1.4 ・措法70条
	現物		・所法59条 ・措法40条	・相法12条1-3 ・相法66条1.4 ・措法70条
相続財産からの寄付	現金	手紙，エンディングノート，言葉などで遺族に相続財産の全部又は一部を非営利団体に寄付することを伝える。	・所法78条4	・相法12条1-3 ・相法66条1.4 ・措法70条
	現物		・所法59条 ・措法40条	・相法12条1-3 ・相法66条1.4 ・措法70条
信託による寄付	現金	信託を引き受ける者との契約によって財産の全部又は一部を民間非営利団体に寄付することを約する。		・措法70条③
	現物			・措法70条③

をいう。二つ目は相続人による相続財産からの寄付で被相続人が相続人に対し相続財産の全部又は一部を民間非営利団体に寄付することを伝え，相続人が相続財産からの寄付をすることをいう。三つ目は信託による寄付で，個人と信託契約をした受託者が信託を引き受ける者との契約によって，財産の全部又は一部を民間非営利団体に寄付することで，相続税法では遺贈したものとして取り扱われる。

　遺贈寄付は寄付をする方法，財産の種類によって異なる。またこれらの取引に関する税目は相続税及び所得税である。表にすると上記の通りとなる。

（2）　税制優遇措置

①　相続税法の取り扱い

次に掲げる財産の価額は，相続税の課税価格に算入しない。

宗教，慈善，学術その他公益を目的とする事業を行う者で一定のものが相続又は遺贈により取得した財産で当該公益を目的とする事業の用に供することが確実なもの。

ただし，財産を取得した者がその財産を取得した日から二年を経過する日において，なお当該財産を当該公益を目的とする事業の用に供していない場合においては，当該財産の価額は，課税価格に算入する[4]。

この規定によって遺贈寄付による財産の移転は相続税が非課税である。ただし，相続税の負担が不当に減少される場合を除く[5]。

②　租税特別措置法の取り扱い

イ　国等に対して相続財産を贈与した場合等の相続税の非課税等

相続又は遺贈により財産を取得した者が，当該取得した財産をその取得後当該相続又は遺贈に係る相続税の申告期限までに国若しくは地方公共団体又は公益社団法人若しくは公益財団法人，その他の公益を目的とする事業を行う法人のうち，教育若しくは科学の振興，文化の向上，社会福祉への貢献その他公益の増進に著しく寄与するものとして一定のものに贈与した場合には，当該贈与により当該贈与をした者又はその親族その他これらの者と特別の関係のある者の相続税又は贈与税の負担が不当に減少する結果となると認められる場合を除き，当該贈与をした財産の価額は，当該相続又は遺贈に係る相続税の課税価格の計算の基礎に算入しない[6]。この規定によって遺贈寄付による財産の移転は非課税となる。

ロ　国等に対して財産を寄附した場合の譲渡所得等の非課税

国又は地方公共団体に対し財産の贈与又は遺贈があった場合には，所得税法に規定する低額譲渡の適用については，当該財産の贈与又は遺贈がなかったものとみなす。

公益社団法人，公益財団法人，特定一般法人その他の公益を目的とする事業を行う法人に対する財産の贈与又は遺贈で，当該贈与又は遺贈が教育又は科学の振興，文化の向上，社会福祉への貢献その他公益の増進に著しく寄与すること，当該贈与又は遺贈に係る財産が，当該贈与又は遺贈があった日から二年を経過するまでの期間内に，当該公益法人等の当該公益目的事業の用に直接供され，又は供される見込みであることその他一定の要件を満たすものとして国税庁長官の承認を受けたものについても，また同様とする[7]。

一定の要件を満たす場合には，国税庁長官の非課税承認又は不承認の決定が申請から一定期間内に行われなかったときは，承認があったものとみなされる。また一般特例の承認要件を満たすものとして国税庁長官の承認を受けた後，その寄付を受けた一定の公益法人等がその寄付財産を譲渡し，買換資産を取得する場合で，一定の要件を満たすときは，その非課税承認を継続する特例を受けることができる[8]。この規定によって遺贈寄付による財産の移転は譲渡所得における低額譲渡の適用はないことになる。従って，上記イにおいて遺贈寄付に係る相続税は非課税となる。また上記ロにおいて所得税の低額譲渡の規定の適用もなくなる。そこで遺贈寄付に係る相続税及び所得税の税負担は遮断されることになる[9]。

③　相続税の負担が不当に減少する結果となると認められる場合

遺贈寄付が非課税となるためには次の要件のすべてを満たさなければならない[10]。

イ　法人の運営が適正であるとともに，役員等のうち親族の占める割合が3分の1以下とする旨の定めがあること
ロ　関係者に特別の利益を与えないこと
ハ　残余財産等が国等に帰属する旨の定めがあること
ニ　公益に違反する事実がないこと

遺贈寄付は民間非営利団体に対して遺産の非課税を目的として移転する行為である。その寄付により相続税の負担が不当に減少する結果とならない場合に

限り相続税は課税されないことになる。ただし遺贈寄付が非課税になるための要件を満たすかどうかは民間非営利団体の運営によらざるを得ない。

④　所得税のみなし譲渡課税（低額譲渡）

次に掲げる事由により譲渡所得の基因となる資産の移転があった場合には，その資産の移転があった時の時価相当額により資産の譲渡があったものとみなされる[11]。

イ　贈与（法人に対するものに限る。）又は相続（限定承認に係るものに限る。）若しくは遺贈（法人に対するもの及び個人に対する包括遺贈のうち限定承認に係るものに限る。）

ロ　著しく低い価額の対価として時価の 2 分の 1 未満の額による譲渡（法人に対するものに限る。）

不動産等の遺贈をした場合において含み益がある不動産，株式等を遺贈した場合には，みなし譲渡益が課税される。この場合において遺贈した者が被相続人であるときは遺贈者が準確定申告をすることになる。みなし譲渡に係る税額は包括遺贈の場合は法人が，特定遺贈の場合には不動産等を取得していない相続人が納税義務を承継することになる。

⑤　個人とみなされる人格のない社団等

イ　人格のない社団又は財団

代表者又は管理者の定めのある人格のない社団又は財団に対し財産の贈与又は遺贈があった場合においては，当該社団又は財団を個人とみなして，これに贈与税又は相続税を課する。遺言による財産の提供により設立された場合も同様である[12]。

ロ　持分の定めのない法人

持分の定めのない法人に対し財産の贈与又は遺贈があった場合において，当該贈与又は遺贈により当該贈与又は遺贈をした者の親族その他これらの者と特

別の関係のある者の相続税又は贈与税の負担が不当に減少する結果となると認められるときは上記イを準用する。なお，遺贈を受けた財産について法人税等が課される場合には，相続税から当該法人税等は控除する[13]。

（3）税制優遇措置に関する判例

　遺贈寄付により公益法人等の設立や公益法人等に財産の提供をした場合において，その財産の提供が遺贈をした者の親族等の租税回避を防止するための判例を提示する。

　判例の内容は次の通りである。

　「右相続税法66条4項の趣旨とするところは，公益法人等を設立するための財産の提供があり，または公益法人等に財産の贈与もしくは遺贈があった場合において，その財産の提供者，贈与者または遺贈者の親族その他これらの者と特別の関係のある者が当該公益法人等の施設の利用，余裕金の運用，解散した場合の残余財産の帰属等についての一切の権限を有し，財産の提供，贈与，遺贈により法形式としては当該提供，贈与，遺贈に係る財産の権利は公益法人に移転するにも関わらず，これらの者が当該提供，贈与，遺贈の後においても実質的には当該財産を管理して，あたかも公益法人等が当該財産の名義上の権利たるに過ぎないと右贈与等を基準として判断しうるときは実質的にはこれらの者が当該財産を有していると同様の事情にあるにかかわらずこれらの者には相続税又は贈与税が課されず，相続税又は贈与税の負担に著しく不公平な結果を生じることとなるので，右このようなこれらの者の相続税，贈与税の回避を防止しようとするにあたって，このような場合において，一般に相続税または贈与税は相続税法66条4項の適用がある場合を除いては個人が個人からの財産の無償取得に対してのみ課税されることになっているので，立法の技術として右公益法人等を個人とみなし，公益法人等に対し財産の提供，贈与，遺贈があった時に当該公益法人等に対して相続税または贈与税を課することとしたものと解せられる。」[14]

　この判示では，法形式として公益法人等に財産の移転があったとしても遺贈者等の親族等が実質的にその財産を管理しているときは相続税又は贈与税の負

担に著しく不公平な結果を生じることになるので，当該公益法人（東京地判昭和 46 年 7 月 15 日行裁判例集 22 巻 7 号 963 頁。）を個人とみなし相続税又は贈与税を課すことにしたものである。

相続税法 66 条 4 項の規定では持分の定めのない法人に対し贈与等があった場合において，当該贈与により当該贈与を受けた者の親族その他これらの者と特別の関係のある者の相続税又は贈与税の負担が不当に減少する結果となると認められるときについて 64 条 1 項の適用を準用することとしている。

なお，この判示を肯定した例として東京地判昭和 49 年 9 月 30 日行裁判例集 25 巻 8 ＝ 9 号 1141 頁他があり，否定した例として東京高判昭和 50 年 9 月 25 日行裁判例集 26 巻 9 号 1023 頁がある。

Ⅲ．遺贈寄付の具体例

遺贈寄付について子供のいない老夫婦の具体例を挙げて検討することにする。

（1）前　提

70 歳の夫六軒太郎と 68 歳の妻六軒花子は子供がいない夫婦である。この夫婦は終活を始めた。終活で税理士に財産目録の作成を依頼し財産明細が作成された。

財産はすべて夫六軒太郎の名義で現預金 4 千万円，土地建物（自宅）3 千 5 百万円，土地（駐車場）2 千 5 百万円あり合計 1 億円の財産を所有している。債務はないものとする。

年金収入は夫 240 万円・妻 60 万円で合計 300 万円受給している。また不動産収入は年間 200 万円あり，併せて 500 万円で二人の生計を維持している。

その 7 年経過後，妻六軒花子は 75 歳で死亡し，夫六軒太郎は 77 歳となり令和 4 年 10 月にいわゆる「おひとり様」となった。令和 4 年 12 月 25 日に遺贈寄付の遺言書を公証人役場で作成した。その後，六軒太郎は令和 5 年 6 月 10 日に死亡した。遺贈寄付の履行には手間がかかることから遺言執行人を弁護士

に依頼している。

（2）遺贈寄付の内容とその取扱い

　遺贈寄付に係る財産及び遺贈先は次の通りである。遺贈先とは弁護士を通じて遺贈寄付の詳細な内容を説明している。

① 現預金 10,000 千円は仙台キリスト教会と死因贈与契約をした。

② 土地（駐車場）25,000 千円は財団法人仙台オーケストラ協会と死因贈与契約をした。

③ 相続人は相続財産の内現預金 30,000 千円を仙台の特定非営利活動法人（ヤングケアラーを支援する団体）に対し相続税申告期限内に贈与した。（被相続人の意思を汲んで）

④ 相続人は相続財産のうち自宅土地 30,000 千円及び建物 5,000 千円を特定公益法人である東北学院に相続税申告期限内に贈与した。（被相続人の意思を汲んで）

　　※低額譲渡に該当
　　※みなし譲渡益が課税される場合には特定公益法人である大学が税額を負担する遺言を残している。

（3）被相続人死亡後の処理

　上記（2）に記載した寄付の取り扱いは次の通りとなる。

① 仙台キリスト教会に対し死因贈与契約をした現金 10,000 千円は相続税の課税対象にはならない。また，その贈与は相続税負担が不当に減少しないものである。

② 財団法人仙台オーケストラ協会に死因贈与契約をした土地時価（駐車場）25,000 千円は課税対象にはならない。また，その贈与は相続税負担が不当に減少しないものである。当該不動産は相続人が過去に不動産時価以上で取得していることから譲渡益は発生しない。

③ 相続人が仙台の特定非営利活動法人に贈与した現金 30,000 千円は相続税の申告期限までに履行しているので相続税の課税対象とならない。ま

た，その贈与は相続税負担が不当に減少しないものである。

④　相続人が特定公益法人である大学に贈与した自宅土地 30,000 千円及び建物 5,000 千円は相続税の申告期限までに履行しているので相続税の課税対象とならない。また，その贈与は相続税負担が不当に減少しないものである。

なお，自宅土地は被相続人の親から承継したもので含み益が発生している。ただし，租税特別措置法 40 条の適用があることから譲渡益は非課税となる。

Ⅳ．遺贈寄付の課題

（1）問題点

　遺贈寄付をする民間非営利団体は多数あるので選別が極めて難しいと思われる。これらの団体と被相続人（相続人がいる場合には相続人）は生前によくコミュニケーションを取ることが大切である。例え支援を行いたいと思う民間非営利団体を選別し遺言書を作成したとしても，一切の事務手続きは死後に行われるので遺言執行人の選別も大切だろう。また，個人が死亡し遺言執行後に遺贈を受けた民間非営利団体が本来の公益を目的とする事業を行っていない場合もあり得る。

　税務申告においては，非課税規定を適用し申告をすることになるが，税務調査で否認された場合には相続税及び贈与税が課されることになる。その際に，相続税又は贈与税を負担すべき当事者は，被相続人であり，相続人がいる場合でその相続人が遺産を取得していない場合でも相続人に課税されることになると考えられる。遺贈寄付への関心の高まりに対して実際に行う人が少ないという点は，こうしたことも一因かと思われる。

（2）対応策

　相続税の納税義務者は相続又は遺贈により取得した個人である。人格のない社団（NPO法人）が遺贈寄付により財産を取得したときは個人とみなされて相

続税は課税される。相続人がいない場合や相続人全員が相続を放棄した場合には民法上相続財産を法人とみなして相続財産の管理・清算が行われる。これを相続財産法人という。相続財産法人は相続により財産を取得することはないので相続税の納税義務にはならない。

　相続税の非課税規定あるいは所得税のみなし譲渡の適用を受けて申告をしたが税務調査を受けてこれらの優遇規定の提供を受けられなくなった場合に，はじめて相続税等が課税される。

　ケースによっては被相続人あるいは財産を受けていない相続人に課税されることも予想される。そこで，相続税等が課税された場合を想定して，相続税の負担は遺贈寄付の受益団体である民間非営利団体に帰属する旨を遺贈寄付の中に記載しておくべきと考える。これによって遺贈から見た税務上の課税問題は生じない。

おわりに

　「寄付元年」といわれる「東日本大震災」の個人寄付推計総額は1兆182億円に達した。東日本大震災以降，寄付に関する関心は着実に広がっており，2020年では1兆2,126億円となっている[15]。遺贈寄付への関心の理由は高齢化と生涯未婚率の高まりといえる。

　どうせ使いきれなかった財産が国庫に帰属するのなら自分の思い通り遺言を書いて生前に遺産の行き先を決めておきたい。遺贈寄付は自分の意思によって今までお世話になった社会に還元できる機会となる。日本人の意識として社会に貢献したいという自分の最後の思いを民間非営利団体に託すことができる。遺贈寄付によって民法に規定する相続関連の流れは分断される。その分断後の流れを民間非営利団体に開放することで民間から民間への資金の循環が可能となる。財産の移転先は民間非営利団体を選定しているので本来の目的とする事業を行う限り課税関係からいえばここでも非課税となる。

　ここで，実際に寄付を受けて支援活動を行っている団体を紹介する。その団体は「特定非営利活動法人カタリバ」である。当該団体は平成18年9月21日

に設立し，生き抜く力をそなえた若年層にあふれる社会の実現に寄与すること
を目的として設立された。活動内容は「ヤングケアラー」と呼ばれる人々を支
援することである。「ヤングケアラー」とは本来大人が担うと想定されている
家事や家族の世話などを日常行っている子供のことである[16]。ヤングケア
ラーである子供が適切な教育を受け，健やかな成長と教育の機会を得られ，子
供が介護・世話をしている家族に必要な福祉サービスを届けられるように，認
定法人カタリバは，支援している[17]。

　認定法人カタリバは，こうした支援活動から，2021年度の財務会計報告に
よる収益は16億8,772万円という規模で活躍している。

　遺贈寄付は，租税の立場から見ると遺贈者の死亡により財産が移転され相続
税又は所得税の課税問題が生まれる。しかし，遺贈寄付による財産の移転先は
公益を目的とする事業を行う民間非営利団体なので財産の移転は全ての場面で
非課税となり課税関係は生じない。

　そこで，最も大切な課題は遺贈寄付の内容で租税回避をしないことに注意を
払うことである。実務で推定相続人に対し遺言書を書くことまでは提案したこ
とがあったが，このような民間非営利団体を紹介して遺贈寄付を作成した経験
はない。当事務所では残念ながら放置していたのが現実である。税理士はこの
ような問題を抱えている人に常に出会う。相続人のいない遺贈寄付は，被相続
人の意向をくむ最後のチャンスである。個人の財産権まで踏み込むことは税理
士の立場として避けざるを得ないだろう。これらの極めて難しい課題を乗り越
えるため他の士業と協力し，かつ民間非営利団体のない活動と遺贈寄付を連携
することにより，住みよい老齢化社会の国のありかたに一役を担えるものと思
われる。

【注】

1）令和3年度「国の財務書類」財務省。

2）民法985条から1003条。

3）民法1042条（減殺請求権の期間制限）

4）相続税法第12条1項3号，第2項（相続税の非課税財産）

5）相続税法 66 条 4 項（税負担の不当減少）

6）租税特別措置法 70 条 1 項（国等に対して相続財産を贈与した場合等の相続税の非課税）

7）租税特別措置法 40 条 1 項（国等に対して財産を寄附した場合の譲渡所得等の非課税）

8）平成 30 年度税制改正で承認特例と特定買換資産の特例の拡充が図られました。

9）公益法人等に財産を寄附した場合の譲渡所得等の非課税の特例について（国税局ホームページ）

10）相続税法施行令 33 条 3 項（人格のない社団又は財団等に課される贈与税等の額の計算の方法等）

11）所得税法 59 条 1 項 1 号，2 号（贈与等の場合の譲渡所得等の特例）

12）相続税法 66 条 1 項（人格のない社団又は財団に対する課税）

13）相続税法 66 条 4 項（人格のない社団又は財団に対する課税）

14）東京高判昭和 49 年 10 月 17 日行裁例集 25 巻 10 号 1254 頁。

15）寄付白書 2021 年，発行者　鵜尾雅隆。

16）ヤングケアラーの実態に関する調査報告書 平成 31 年 3 月。三菱 UFJ リサーチ＆コンサルティング。

17）NPO カタリバの財務報告書（2021 年度）

── 第 **12** 章 ──

財産評価基本通達第6項に関する一考察

込堂敦盛

はじめに

　本論文は，第Ⅰ章において，租税の基本原則と，通達について述べ，第Ⅱ章において，相続税法の財産及び時価そして財産評価基本通達第6項の問題点について説明を行う。第Ⅲ章では，取引相場のない株式の評価が財産評価基本通達第6項の適用により，「著しく不適当」と判断された事例についての説明を行う。最後に，通達の在り方についての説明を行う。

Ⅰ．租税の基本原則と税務通達

1．租税法律主義

　租税法律主義は，租税について，恣意的な課税を許さず，法律に基づいて税を課さなければならないことを規定したものであり，憲法第84条において次のように定められている。

　「あらたに租税を課し，又は現行の租税を変更するには，法律の又は法律の定める条件によることを必要とする。」

　歴史的にみると，租税法律主義は，国家行政の恣意的課税から国民を保護することを目的としたものであった[1]。今日においてもその性質は当然に含まれており，租税は，納税者の予測可能性と法的安定性を担保したものでなければ

ならない。

　現在，租税は，経済活動のいたるところに入り込んでおり，経済活動との関係を切り離して論じることはできない状況にある。納税者は，経済取引を行う上で租税を意思決定の重要なファクターとしているため，円滑な経済取引実現のため，租税に対する客観的な明らかさは不可欠となる。

　租税の領域においては，不確定概念や自由裁量規定の導入は禁止されており，規定があいまいな場合，法解釈において，その法規範的意味を明らかにしなければならない。その法規範的意味を確定できない場合，その規定は，違憲とされなければならない[2]。

　すなわち，租税法律主義の観点から，法律は，予測可能性と法的安定性を担保し，できるかぎり個別，具体的で明確[3]であることが要請されており，包括的，一般的であってはならないことを強調しなければならない[4]。

2．租税公平主義

　税負担は，国民の担税力に応じて公平に配分されなければならず，各種の租税法律関係において国民は平等に扱われなければならないとする原則が租税公平主義であり，憲法第14条の課税分野における現れである[5]。

　租税公平主義は，立法上，制度そのものが公平に定立されなければならず，

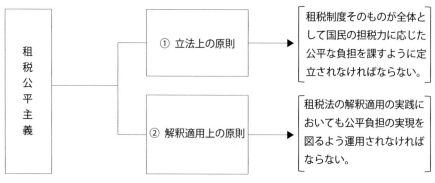

出所：税務経理研究会，1993年193頁。

解釈適用の実践においても，公平負担の実現を図るよう運用されなければならない[6]。

　また，租税公平主義は，立法上の平等のみならず，執行においても平等を要請するものである。税法の執行をなすにあたり，本質的に同様の場合を恣意的に異なって取り扱うことや，本質的に異なる場合を恣意的に同様に取り扱うことを租税公平主義は禁じている。執行上の原則としての租税公平主義は，通達の適用との関係で問題になることがある。例えば，通達によって財産評価を行う場合，特定の納税者について，特別の事情がないにもかかわらず，別の基準により評価が行われるような場合がこれにあたる[7]。

　清永敬次教授は，このような別の基準で評価が行われる場合について以下のように述べられている。

　「特定の納税者に対する別の評価基準の適用がむしろ税法令の定めるところに合致するような場合でも，この場合は税法令への適合性の要請は退き，租税公平主義により，特定の納税者に対する別の評価基準の適用は恣意的な差別として許されないというべきであろう。[8]」

3．双方における指針としての税務通達

　通達は，「ある処分をする場合に，取扱いが区々になることを防ぎ，行政の統一性を確保するために，上級行政機関が下級行政機関に対して発するところの，法令解釈の基準[9]」である。

　解釈基準としての通達は，上級行政機関から下級行政機関に対する命令であり，行政内部では職務命令として拘束力を有する。

　国家公務員法第98条1項は，「職員は，その職務を遂行するについて，法令に従い，且つ，上司の職務上の命令に忠実に従わなければならない。」旨を規定し，同法第82条において「この法律若しくは国家公務員倫理法又はこれらの法律に基づく命令に違反した場合」，「職務上の義務に違反し，又は職務を怠った場合」については，「当該職員に対し，懲戒処分として，免職，停職，減給又は戒告の処分をすることができる。」と規定している。これにより，課税庁職員は，通達を厳格に遵守しなければならないこととなる[10]。

　ただし，行政内部では，強制力をもつ通達であるが，租税法律主義における法源とは異なり[11]，国民及び裁判所に対しては拘束力を有しない[12]。

　また，国税不服審判所は，国税局や税務署から分離された特別な機関として，通達に拘束されることはない。ただし，国税不服審判所長は，国税庁長官が発した通達に示されている法令の解釈と異なる解釈により裁決をするとき，又は他の国税に係る処分を行う際における法令の解釈の重要な先例となると認められる裁決をするときは，あらかじめその意見を国税庁長官に通知しなければならない[13]。

　上記のように，通達は，あくまで行政内部を拘束するものであり，外部を拘束するものではない。

　しかしながら，執行者である課税当局が，通達の解釈を指針とした課税処分を行っていることから，納税者は，通達と異なる解釈により申告を行う場合，更正処分を受ける可能性を意識しなければならない。更正処分後，訴訟を起こしたとしても，税務訴訟は，勝訴出来る可能性が非常に低いことが過去の実績から明らかであり，税務訴訟に費やすであろう，精神的負担や時間的負担を考慮した場合，納税者は，通達の解釈に基づいた申告を行うこととなる。

　平成12年7月13日東京地裁では，「租税実務においては，通達に基づく画一的な取扱いがされており，このような取扱いは，納税者間の公平，納税者の便宜，徴税費用の節減という見地からみて合理的なものというべきである。したがって，通達の定めが租税法規に照らして合理性を有する限り，当該租税法規の適用に当たっては，通達の定めに従った解釈，運用を行うのが相当である」とする判決を下している。

　この判決からも，通達は，直接的ではないが，納税者の権利，義務に事実上重要な影響を与えていると言える[14]。

Ⅱ．相続税法における財産評価基本通達

1．相続税法の財産

　相続財産とは，相続又は遺贈によって取得した財産である。相続財産には，

動産，不動産のみならず，特許権・著作権等の無体財産権，鉱業権・漁業権等の営業上の権利，私法上・公法上の債権等，経済的価値を有する多くのものが含まれる[15]。

したがって，一般的には，相続又は遺贈により取得した財産で，金銭的価値を見積もることのできるすべてのものが相続財産に該当すると考えられる[16]。

これらの財産の相続税額を算定するためには，取得した経済的価値及び金銭的価値を課税標準（相続税法における評価額）として表すことが必要となる[17]。

２．相続税法第22条と財産評価基本通達

相続税法では，第22条において，財産評価の原則を次のように定めている。

「この章で特別の定めのあるものを除くほか，相続，遺贈又は贈与により取得した財産の価額は，当該財産の取得の時における時価により，当該財産の価額から控除すべき債務の金額は，その時の現況による。」

相続税法第22条は，財産の価格＝取得時の時価と定めているのみであり，計算方法や取り扱い等の詳細な内容については，規定していない。

相続税法における困難な問題は，課税標準である相続財産の算定である。しかしながら，相続税法は，財産評価に関して，一部の権利について規定するのみであり，それ以外の財産の評価については，財産評価基本通達の定めに依存している[18]。

財産評価基本通達の性格について，山本守之教授は「評価通達も法形式上は税務通達に過ぎない。しかし，相続税法（以下，「法」とは「相続税」をいう。）第22条の解釈通達でありながら，その解釈を示すにとどまらず，財産の種類別に具体的に評価方法を規定することによって独立した評価体系ともいうべき時価評価方法を示すものであり，一般の法令解釈通達とは異なったものといわなければならない。[19]」とし，財産評価基本通達の特殊性を説明している。

財産評価基本通達では，相続税法第22条における，相続財産の時価について，次のように規定している。

時価とは，「課税時期（中略）において，それぞれの財産の現況に応じ，不

特定多数の当事者間で自由な取引が行われる場合に通常成立すると認められる価格をいい，その価格は，この通達の定めによって評価した価格による。[20]」。

つまり，財産評価における時価とは「不特定多数の当事者間で自由な取引が行われる場合に通常成立する価格」である客観的交換価値を意味し，その時価の解釈の統一性を図るために，「その価格は，この通達の定めによって評価した価格による」としているのである[21]。

財産評価基本通達は，「各財産の評価方法に共通する原則や各種の財産の評価単位ごとの評価方法を具体的に定め，その内部的な取扱いを統一するとともに，これを公開し，納税者の申告・納税の便に供している[22]」。

すなわち，財産評価基本通達の役割は，画一的な評価方式を定めることで，納税者間の不公平を排除し，さらには，課税当局の法律解釈を公にすることで，法的安定性と予測可能性を納税者にもたらすことにある。

しかしながら，納税者に恩恵をもたらすはずの財産評価基本通達に規定される総則第6項は，納税者間の公平，法的安定性，予測可能性を脅かす性質を含んだ規定となっている。

3．財産評価基本通達第6項

財産評価基本通達第6項は次のように定められている。

「この通達の定めによって評価することが著しく不適当と認められる財産の価格は，国税庁長官の指示を受けて評価する」

財産評価基本通達第6項の適用要件は，以下の通りである[23]。
（1）評価対象財産について，評価通達の定めがあること
（2）（1）の定めによって評価することが著しく不適当であること
（3）国税庁長官の指示があること
（4）評価通達以外の合理的な評価方法が存在すること

財産評価基本通達第6項は，同通達に定められた，原則的な評価方法により，財産の評価を行った場合，その評価額が著しく不適当（客観的交換価値との

乖離）と認められる財産について，国税庁長官の指示により異なる方法で評価を行うことができる旨を定めている[24]。

　しかしながら，同通達は，どのような場合が「著しく不適当」に該当することになるのか具体的な内容や事例を明らかにしていない[25]。また，「著しく不適当」と判断され，異なる方法により評価が行われた場合，同通達による一般的な評価を認めた場合との区別が必要となるが，区別を行う場合の「特別の事情」の内容についても同通達は，明らかにしておらず不確定概念を含んだものとなっている[26]。

　どのような状況において，「著しく不適当」「特別の事情」と判断され，再評価・更正がされることになるのかが明確にされていない同通達は，予測可能性と法的安定性，納税者間の公平の観点からも問題を孕んだものと指摘すべきである。

　次章において，取引相場のない株式について当該通達が適用された国税不服審判所の裁決事例について説明を行う。

Ⅲ．財産評価基本通達第 6 項が適用された
　　取引相場のない株式に関する事例

1．国税不服審判所裁決事例（令和 2 年 7 月 8 日裁決，仙裁[27]）

（1）事案の概要

　相続人は，相続により取得した A 社株式（取引相場のない株式。被相続人は A 社の代表取締役を務めていた。）5,350 株を財産評価基本通達に定める類似業種比準価額により，1 株当たり 8,186 円と評価し，株式評価額を 43,795,100 円（8,186 円 × 5,350 株）として法定申告期限までに申告を行った。

　原処分庁は，これに対し，本件株式について類似業種比準価格により評価することは著しく不適当であるとし，財産評価基本通達第 6 項を適用，DCF 法にて 1 株当たり 80,373 円（株式評価総額 1,720 百万円 /21,400 株。被相続人は，相続発生時点において株式 21,400 を保有していた。請求人の相続分は，5,350 株。）と評価し，平成 30 年 8 月 7 日付で更正処分を行った。

　本件更正処分において，適用された1株当たり80,373円という価額は，原処分庁が算定したものではなく，依頼を受けた株式会社K社が行った平成30年2月28日付の株式価値算定報告（以下「本件算定報告」という。）によるものである。

（2）本件における特筆すべき事項

　①　A社の株式の概要

　被相続人と株式会社B社（以下「B社」という。）の間では，A社株式のすべてをB社に売却することが生前合意されていた。

　詳細については，以下の通りとなる。

　イ　相続開始前におけるA社株式の譲渡の交渉

　被相続人は，平成26年1月16日，B社と，A社のB社に対する売却・資本提携等を前提とする協議を進めるに当たり，相互に開示される情報の秘密保持に関し，秘密保持契約を締結した。相続人及びB社は，平成26年5月29日，A社の株式の譲渡に向けて協議を行うことについて，基本合意書を締結した。

　基本合意書には，次の条項が定められている（要旨一部抜粋）

第1条（譲渡対象株式）

（A）本件被相続人は，B社に対し，別途締結する株式譲渡契約の定めるところに従い，平成26年7月14日にA社の株式のうち本件被相続人が保有する21,400株を譲渡する。

（B）本件被相続人は，本件被相続人以外の株主が保有するA社の株式（発行済株式60,000株すべて）を平成26年7月14日までに取りまとめ又は買い集めた上で，株式譲渡契約に従いB社に譲渡する。

第5条（株式譲渡価格）

　A社の株式の譲渡価格は，6,304,080,000円（1株当たり105,068円×60,000株）（以下「本件基本合意価格」という。）とし，株式譲渡契約において定める。

ロ　相続開始後のＡ社株式の譲渡について

相続人Ｍは，平成26年6月18日，Ａ社の代表取締役に就任し，Ｂ社との間でＡ社の株式を譲渡することについて交渉を行った。その後，相続人Ｍは，Ａ社株式のすべてを一度取得し，平成26年7月14日にＢ社に対して1株当たり105,068円ですべての株式を譲渡した。

② **本件算定報告の要旨**

イ　算定手法の選定

非上場会社株式の算定を行う場合には，①対象会社の特性を考慮して株主価値の分析をし，次に，②対象株式の特性を考慮して対象株式の価値を分析するというプロセスによることとした上で，①の手法は，ⅰインカム・アプローチ，ⅱマーケット・アプローチ，ⅲネットアセット・アプローチに大別され，ⅰのDCF法（ディスカウンテッド・キャッシュフロー法），ⅱの株価倍率法及び取引事例法を採用・検討した。

ロ　株主価値分析

（イ）DCF法による株主価値の分析

DCF法による株主価値を，4,440百万円から5,206百万円と分析した。

（ロ）株価倍率法による株主価値の分析

株価倍率法による株主価値を，3,564百万円から5,078百万円と分析した。

（ハ）取引事例法による株主価値の分析

取引事例法による株主価値を，4,672百万円から6,769百万円と分析した。

（ニ）株主価値の分析及び算定結果

株主価値は，DCF法とマーケット・アプローチの分析結果の重なる4,440百万円から5,206百万円とした。これに，本件相続株式の発行済株式に対する所有割合である35.7％を乗じて1,584百万円から1,857百万円とした上で，そ

の平均値である1,720百万円を評価額とした。

（3）国税不服審判所裁決

　本件相続株式通達評価額は，本件算定報告額並びに本件株式譲渡価格及び本件基本合意価格と著しくかい離しており，本件相続開始時における本件相続株式の客観的な交換価値を示しているものとみることはできず，本件相続開始時における本件相続株式の客観的な交換価値を算定するにつき，評価通達の定める評価方法が合理性を有するものとみることはできない。

　そうすると，本件相続における本件相続株式については，評価通達の定める評価方法を形式的に全ての納税者に係る全ての財産の価額の評価において用いるという形式的な平等を貫くと，かえって租税負担の実質的な公平を著しく害することが明らかというべきであり，評価通達の定める評価方法以外の評価方法によって評価すべき特別な事情がある。

　そして，本件株式譲渡価格及び本件基本合意価格をもって，主観的事情を捨象した客観的な取引価格ということはできないのに対し，本件算定報告は，適正に行われたものであり合理性があることから，本件相続株式の相続税法第22条に規定する時価は，本件算定報告額であると認められる。

　したがって，評価通達6の適用は適法である。

（4）本件裁決について

　本件では，通達による評価額が算定報告額，株式譲渡価格，基本合意価格と比較し，著しく乖離しており，株式の客観的交換価値を表していないため，形式的な平等を欠くことを理由に，特別な事情があるとし財産評価基本通達6を適用している。

　そのうえで，算定報告による株式評価は，他の2つの価格とは異なり，主観的事情が含まれていない合理的な方法であり，これにより算定された評価額が相続税法における適正な時価であると結論付けている。

　しかしながら，算定報告における株式評価額は，相続税法における客観的な時価を表せているのであろうか。

　例えば，本件DCF法による株主価値の分析では，平成26年9月期のフリーキャッシュフローを予測し，その予測額を基礎として評価額の算定を行っているが，この「予測」に恣意性が介入することはないのであろうか。また，計算過程において使用される成長率や割引率といった指標に恣意的な要素が含まれていないのであろうか。ここに，恣意的な要素が含まれた場合，裁決によって示された「本件株式譲渡価格及び本件基本合意価格をもって，主観的事情を捨象した客観的な取引価格ということはできない」と同様の結果となり，客観的な交換価値を示せていないこととなる。

　相続税法は，「時価」という確定させ難いものを「客観的交換価値」と位置づけ，恣意性を排除し画一的な評価が行えるよう財産評価基本通達により個々の取り扱いを設けてきたが，財産評価基本通達6を適用し，恣意性が多分に介入する恐れがある本件のような評価方法を合理的であると認めることは，財産評価基本通達の目的に矛盾したものとなる。

おわりに

　通達は，課税当局の法律解釈を公にすることで，課税実務において，納税者に予測可能性と法的安定性をもたらす重要な役割を担っている。しかしながら，財産評価基本通達第6項は，いかなる場合に「著しく不適当」として適用されるのか，適用されなかった場合と何が異なっていたのか，適用後の評価はどのようになされるのか，いずれについても，明らかにされていない。

　結果として，財産評価基本通達第6項は，通達での評価額が課税庁が想定したものより低ければ，「著しく不適当」であり「特別の事情」に該当するものとして異なる評価方法を持ち出し高い評価額に更正することを可能にする。

　また，課税庁は，納税者が合理的な方法により，時価評価したものが，通達での評価額より低い結果となった場合，納税者間の公平が保たれないとして通達を適用させた更正処分も可能となる。

　つまり，財産評価基本通達第6項は，課税庁に自由裁量を与えられているのと同義である。

著しく不適当な異常値が算定されてしまう，通達であれば，法的安定性と予測可能性の点から，指針としての役割を果たせていないため[28]，指針としての安定性を保つため速やかに改正し，不確定概念を孕んだ通達は租税法律主義の観点から廃止すべきである。

【注】

1）金子　宏『租税法〔第二十二班〕』（弘文堂・2017 年）75 頁。

2）北野弘久『税法学の基本問題』（成文堂・1972 年）31 頁。

3）租税法律主義の基本原則である課税要件明確主義は，課税要件及び賦課徴収について，法律に基づき明確に定めなければいけないことを要請している。

4）北野弘久『税法学原論〔第六班〕（青林書院・2007 年）95 頁。

5）金子・前掲注（1），83 頁。
　憲法第 14 条 1 項には以下のように規定されている。
　「すべて国民は，法の下に平等であって，人種，信条，性別，社会的身分又は門地により，政治的，経済的又は社会的関係において，差別されない。」

6）山本守之『租税法要論』（税務経理協会・1993 年）193 頁。

7）清永敬次『税法〔新装版〕』（ミネルヴァ書房・2013 年）33 頁。

8）同上，34 頁。

9）塩野　宏『行政法Ⅰ〔第五版補訂版〕行政法総論』（有斐閣・2013 年）102 頁。

10）山田重將「財産評価基本通達の定めによらない財産の評価について―裁判例における「特別な事情」の検討を中心に―」税務大学校論叢 80 号 177 頁，2015 年 7 月。

11）小池和彰『税理士になろう』（創成社・2017 年）250 頁。
　「税法の法源は，憲法，法律，政令，省令，告示ならびに判例であって，税務通達はこれに属していません。」

12）金子・前掲注（1），109 頁。

13）国税通則法第 99 条。

14）金子・前掲注（1），110 頁。

15）同上，631 頁。

16）同上，179 頁。

17）同上，179 頁。

18）清永・前掲注（7），175 頁。

19）山本守之『検証・税法上の不確定概念（第 2 版）』（中央経済社・2004 年）271 頁。

20）松田貴司『財産評価基本通達逐条解説』（一般社団法人大蔵財務協会・2023 年）4 頁。

21）山田・前掲注（10），179 頁。

22）松田・前掲注（20），4 頁。

23）加藤　浩「相続税法第 64 条と財産評価基本通達 6 項との関係について─取引相場のない株式を中心として─」税務大学校論叢 94 号 133 頁，2018 年 6 月。

24）山本・前掲注（19），270 頁。

25）山田・前掲注（10），183 頁。

26）山本・前掲注（19），272 頁。

27）TAINS F0-3-693 裁決の要旨

28）増田英敏『租税憲法学第 3 版』（成文堂・2006 年）175 頁。

─── 第 **13** 章 ───

再更正の法的権限についての
再考及び法改正の必要性について

佐藤哲之

はじめに

　租税の意義は，国家が，特別の給付に対する反対給付としてではなく，公共
サービスを提供するための資金を調達する目的で，法律の定めに基づいて私人
に課する金銭給付である[1]。そして，租税は，一方的・権力的課税徴収金の性
質を持ち，国民の富の一部を強制的に国家の手に移す手段であるから，国民の
財産権への侵害の性質をもたざるをえない[2]。このような性質を有することか
ら，租税の賦課徴収，つまり，国家の課税権の行使には，法律の根拠に基づき
行うべきことが要請されている。当該要請を租税法律主義という。

　国家における課税権の具体的行使手続きとして，国税通則法（以下，「通則
法」という。）では，更正，決定及び再更正の規定が設けられている[3]。

　本稿では，現行法におけるこれら課税権の行使手続きのうち，再更正につい
て法的権限・法的効力の観点から検討を試みるものである。更に，再更正の現
行制度における問題及び現行法の欠缺について，筆者なりの見解を最後に記す
こととする。

　本稿の全体構成は，1章において，「課税当局による更正権の絶対性」につ
いて，更正権の意義及び絶対的必要性を我が国における申告納税制度の重要性
を考慮しながら確認する。2章では，1章で確認した更正に対して，「再更正の
意義及び法的性格」について，現行法の制度的意義及び判例・学説等の見解を
考察する。そして，更正及び再更正の現行法における位置付けを理解した後，

3章では，「争訟係属中における再更正が与える影響」について，法的権限及び法的効力を中心に再調査審理庁，国税不服審判所及び裁判所（以下，「各機関」という。）の法的権限と比較検討しながら考察するものとする。4章では，3章までにおける様々な論点を叙述し考察した結果，「現行法における再更正の見直し」について，「争訟係属中における減額再更正の見直しについて」と「争訟係属中における再更正の法的制限について」という，小生なりの2つの見解を示させてもらい，現行通則法改正の必要性を記するものとする。

Ⅰ．課税当局による更正権の絶対性

　日本国憲法（以下，「憲法」という。）第30条では，「国民は，法律の定めるところにより，納税の義務を負ふ。」と規定され，国民が納税義務を負うことが謳われている。典型的な納税義務者として想定されているのは，政府のサービスの便益を享受すべき自然人としての国民であると解されている。実際に誰が納税義務を負うかは，国籍の如何や自然人か法人かの結論に直結するものではなく，個別の法律の定めに依存している[4]。つまり，納税義務は，法律に基づき国民が負わなければならないことが憲法で示されている[5]。

　更に，国民の納税義務に関し，憲法第84条では，「あらたに租税を課し，又は現行の租税を変更するには，法律又は法律の定める条件によることを必要とする。」と規定している。当該規定には，租税法の全体を支配する基本原則の一つである租税法律主義が謳われている。租税法律主義とは，法律に基づき租税の賦課，徴収を行うことを要請する原則である。租税は，国民の富の一部を国家の手に強制的に移転させる特質を有する。これら租税の特質を考慮すると，国民の自由と財産を保証するためには，租税の賦課・徴収の手続きを法律の根拠に基づいてのみ認めるべきである。また，租税法律主義の機能には，国民経済生活に法的安定性と予測可能性を与えることにあると考えてよい[6]。

　この2つの憲法の規定は，国民の納税の義務の限界と課税当局の課税権の限界を明文化しているものである。

　そして，我が国では，納税義務が成立する場合において，納税者が国税（例

えば，所得税，法人税等）に関する法律の規定に基づき，納付すべき税額を計算して，申告納税方式で税額を確定している。通則法第16条第1項第1号では，「一　申告納税方式　納付すべき税額が納税者のする申告により確定することを原則とし，その申告がない場合又はその申告に係る税額の計算が国税に関する法律の規定に従つていなかつた場合その他当該税額が税務署長又は税関長の調査したところと異なる場合に限り，税務署長又は税関長の処分により確定する方式をいう。」と規定している。

　申告納税方式の内容は，一次的に，納税者が自主的に課税標準，税額等を計算し，その計算したところに基づいてこれを納税申告書に記載して，税務署長に提出すると，その申告書に記載された税額が確定されることである。そして，二次的に，納税者からの申告がない場合又は申告に係る税額の計算が国税に関する法律の規定に従っていなかった場合に限り，税務署長が処分により納付すべき税額を確定するものである。この二次的な課税当局の処分は，あくまでも補助的な税額の確定手続きとして規定されている[7]。

　我が国が申告納税方式を採用している理由は，最も民主的な課税方式であるためである。

　申告納税方式の特色として，「課税が適正かつ公平に行われるためには，その課税の前提となる事実を最もよく熟知している納税義務者の協力を得るのが適切であり，納税義務者による課税標準等の申告が要請されるのは当然であるといえるが，更に，納税義務の履行を国民自ら進んで遂行すべき義務と観念し，その申告自体に納付すべき税額の確定の効果を与え，もって，自主的にその納付を行う建前とすることが，民主主義国家における課税方式としてふさわしいものということができる」[8]と説明されている。

　そして，この申告納税方式による申告に係る課税標準，税額等を国の側で調査したところと異なる場合には，課税の適正・充実を期する観点から，これを変更する権能を国において確保し，税額等を変更する必要がある[9]。この権能の発動形式及び法的手続きが，「更正」という処分である。この更正により，納税者自らの申告により確定した税額等は，増加又は減少することとなる。税額等が増加する場合には増額更正，減少する場合には減額更正と呼ばれる。

更正は，通則法第24条において，「税務署長は，納税申告書の提出があつた場合において，その納税申告書に記載された課税標準等又は税額等の計算が国税に関する法律の規定に従つていなかつたとき，その他当該課税標準等又は税額等がその調査したところと異なるときは，その調査により，当該申告書に係る課税標準等又は税額等を更正する。」と規定されている。

更正の手続きは，税務署長が納税者に対して更正通知書を送達して行う。また，更正は，新たに納税義務を課す行為ではなく，納税義務者が一次的に申告納税方式により課税要件の充足によりすでに成立している納税義務の内容を，課税当局が二次的に確定する確認行為である[10]。

この最も民主的な課税方式である申告納税制度は，国の更正という強力な執行力のある処分権が正常に機能していなければ，決して適正に機能しない制度である。そして，我が国の適正・公平な課税を担保し続けるため[11]には，「更正」の処分という絶対的な法的権限が課税当局に保障されていなければならない[12]。

Ⅱ．再更正の意義及び法的性格

更正と再更正は，同じ課税当局の行う処分であることに相違はない。しかし，課税当局が行う処分の対象が，更正は国民の行為（申告納税）であるのに対し，再更正は課税当局が自ら行った行為（更正等の処分）を対象にしている点で大きな違いがある。つまり，再更正を法的に考察した場合には，更正と全く異なる法的手続きであり，課税当局が自ら行った更正等の処分を，課税当局が自ら覆す法的効力を有することになる。

再更正は，通則法第26条において，「税務署長は，前二条又はこの条の規定による更正又は決定をした後，その更正又は決定をした課税標準等又は税額等が過大又は過少であることを知つたときは，その調査により，当該更正又は決定に係る課税標準等又は税額等を更正する。」と規定されている。

再更正を行う法的要件は，①更正等をした後，②更正等をした課税標準等又は税額等が過大又は過少であることを知ったとき，③その調査により行われる

ことの3要件である。つまり，前章の更正が申告納税方式に基づいた納税者の
申告に係る課税標準，税額等を変更するために行われる処分であるのに対し，
再更正は，通則法第24条に基づき税務署長が自らの更正によって確定した課
税標準，税額等を更に変更するために，自ら行った更正の処分を，自らの調査
に基づいて行う処分である。また，再更正は，更正と同様に確定した税額等が
増加又は減少することとなる。税額等が増加する場合には増額再更正，減少す
る場合には減額再更正と呼ばれる。

　そして，現行の通則法における再更正は，争訟係属中であることを問わず，
除斥期間が経過するまで何度も繰り返して行うことができる。再更正をする場
合は，税務署長が更正等をした後その更正等をした課税標準等又は税額等が過
大又は過少であることを知った場合である。すなわち，前の更正等により，課
税標準等及び税額等はいったん確定するが，これが必ずしも最終的なものでは
なく，再更正によりこれらの数額を重ねて変更確定させることができるのであ
る[13]。

　再更正には，更正と再更正の相互の法的関係，訴訟物の存在等々について，
様々な学説が存在し議論が繰り返されてきた[14]。更正及び再更正は，それぞ
れ独立した法律行為であるとともに，一個の租税債務を具体化していくための
連続的行為である。

　再更正の法的性格についての学説には，吸収説（消滅説等とも呼ばれる。）と
一部取消説（併存説等とも呼ばれる。）がある。吸収説とは，当初の更正・決定
は，増額再更正の内容としてこれに吸収されて一体となり，その効力は引き続
き増額再更正の効力の中に承継されるが，当初の更正・決定自体は，その外形
が消滅して，独立の存在を失うとする見解であり，当初の更正・決定の効力は
そのままであるが，その中身が空っぽになってしまって増額再更正に吸収され
てしまうという見解である[15]。一部取消説とは，減額再更正は，それによっ
て減少した税額にかかる部分についてのみ法的効果を及ぼす内容の変更処分で
あるとし，それによって税額の一部取消しという納税者に有利な効果をもたら
す処分であるとする見解である[16]。

　増額再更正について，最高裁では，「第二次更正処分は，第三次更正処分を

行うための前提手続たる意味を有するにすぎず，また，第三次更正処分も，実質的には，第一次更正処分の附記理由を追完したにとどまることは否定しえず，〜中略〜。しかしながら，これらの行為も，各々独立の行政処分であることはいうまでもない。その取消の求められていない本件においては，第一次更正処分は第二次更正処分によって取り消され，第三次更正処分は，第一次更正処分とは別個になされた新たな行政処分であると解さざるを得ない。」[17] と判示し，更正後に増額再更正がされると増額再更正のみが取消訴訟の対象となり，当初の更正の取消しを求める訴えの利益は失われるとして，吸収説の立場を採用している。これに対して，減額再更正について，最高裁では，「申告に係る税額につき更正処分がされたのち，いわゆる減額再更正がされた場合，右再更正処分は，それにより減少した税額に係る部分についてのみ法的効果を及ぼすものであり（通則法 29 条 2 項），それ自体は，再更正処分の理由のいかんにかかわらず，当初の更正処分の変更であり，それによって，税額の一部取消という納税者に有利な効果をもたらす処分と解するのを相当とする。そうすると，納税者は，右の再更正処分に対してその救済を求める訴えの利益はなく，専ら減額された当初の更正処分の取消を訴求することをもって足りるというべきである。」[18] と判示され，再更正に訴えの利益はなく，当初の更正の取消を求めるべきであるとして，一部取消説の立場を採用している。

　更に，通則法第 29 条では，「第 24 条（更正）又は第 26 条（再更正）の規定による更正（以下第 72 条（国税の徴収権の消滅時効）までにおいて「更正」という。）で既に確定した納付すべき税額を増加させるものは，既に確定した納付すべき税額に係る部分の国税についての納税義務に影響を及ぼさない。　2　既に確定した納付すべき税額を減少させる更正は，その更正により減少した税額に係る部分以外の部分の国税についての納税義務に影響を及ぼさない。　3　更正又は決定を取り消す処分又は判決は，その処分又は判決により減少した税額に係る部分以外の部分の国税についての納税義務に影響を及ぼさない。」と規定しており，増額再更正の場合には吸収説が，減額再更正の場合には一部取消説が妥当するものと法令解釈されている [19] [20]。

　上述のとおり，現行の最高裁判例及び現行通則法の法令解釈共に，増額再更

正の法的性格は吸収説に基づき，減額再更正の法的性格は一部取消説に基づき，各々異なった見解[21]により判断されている。

　そして，減額再更正の法的効果は，課税当局の更正等に基づく納税者の租税債務を，課税当局自らの法的手続きで減少または消滅させることが現行の判例及び通則法の法令解釈により確認できた。更に，訴訟係属中に再更正が行われた場合の訴訟物に対する法的性格は，増額再更正の場合には吸収説，減額再更正の場合には一部取消説であることも確認できた。

Ⅲ．争訟係属中における再更正が与える影響

　再更正は，適正な課税の見地より，何度でも繰り返し行うことが可能であり，適法な行政処分である。新たな調査や情報に基づいた再更正により，適正な税額に変更される行政処分については，何ら異論はない。勿論，当初の更正に至るまでの調査において，適切な事実認定が行われ，適正な法令解釈が行われることが前提である。学説でも，「再更正は，〜中略〜除斥期間内であれば，再々更正など何度でもすることができる。けだし，課税は正しくあるべし，というのが究極の目的であるからである。[22]」との見解もある[23]。そして，再更正は，自ら行った更正等の処分，つまり，課税標準等又は税額等に変更を加える法的効果を有する。

　筆者は，税務争訟の訴えが提起される前であれば，適正課税及び租税正義の観点から，再更正を行うことに何ら弊害は生じないものと理解している。しかし，更正の処分は，税務争訟の訴えが提起された後に，訴訟物という性質に変化する。そして，争訟係属中に行う再更正は，争いの対象物である訴訟物に何らかの変化を加えることになる。

　再更正により訴訟物が変化した場合，争訟係属中において影響を受ける法的権限は，再調査審理庁の行う決定，国税不服審判所長の行う裁決，裁判所の下す判決がある。更に，各機関の審理中に訴訟物へ何らかの変化が生じることから，当該変化は，各機関の審理過程にも影響を及ぼすことになる。

　以下では，争訟係属中における再更正が何らかの影響を与える法的権限，つ

まり，決定，裁決及び判決について記す。

（1）決　定

　再調査審理庁は，再調査の請求が行われた場合に審理手続きを経た後，決定を行う。再調査の請求の審理手続きについては，審査請求より簡易迅速な手続きとして，更正を見直すこととしており，事件の内容等に応じて弾力的な運営が行われるように規定が簡素化されている[24]。

　決定は，通則法第83条において，「再調査の請求が法定の期間経過後にされたものである場合その他不適法である場合には，再調査審理庁は，決定で，当該再調査の請求を却下する。2　再調査の請求が理由がない場合には，再調査審理庁は，決定で，当該再調査の請求を棄却する。3　再調査の請求が理由がある場合には，再調査審理庁は，決定で，当該再調査の請求に係る処分の全部若しくは一部を取り消し，又はこれを変更する。ただし，再調査の請求人の不利益に当該処分を変更することはできない。」と規定されている。

　再調査の決定の手続きは，再調査の請求についての処分庁の判断を示すものであり，再調査決定書に主文及び理由を記載し，再調査審理庁が記名押印した書面で行われる[25]。また，決定は，再調査の請求人に再調査決定書の謄本が送達された時に，その効力を生ずる。また，再調査の決定が，原処分の全部又は一部を維持するものである場合は，再調査決定書に記載すべき理由において，原処分を正当とする理由が明らかにされていなければならない。その理由は，再調査決定が適正に行われることを担保するとともに，再調査申立人に，審査請求をし，又は訴訟を提起する場合の便宜を与えるための制度であり，手続的保障原則に基づくものである[26]。

　決定の手続きについては，上述の通り通則法で明確に規定されており，再調査審理庁に決定の法的権限が与えられている。更に，決定には，不利益処分が禁止されている。従って，再調査の請求の対象となった更正に係る税額は，再調査決定により増額することはない。

　つまり，再調査審理庁には，却下（通則法第83条第1項）及び棄却（同法第2項）の更正を維持する法的権限と，全部又は一部を取り消して（同法第3項）

租税債務を減少させる法的権限が制文法上規定されている。

（2）裁　決

　国税不服審判所長は，審査請求が行われた場合，審査請求人と課税当局の各主張の間で争いのある点を中心に調査及び審理を行い，審理手続きが終結した後，合議体の議決に基づき裁決を行う。

　裁決は，通則法第98条において，「審査請求が法定の期間経過後にされたものである場合その他不適法である場合には，国税不服審判所長は，裁決で，当該審査請求を却下する。2　審査請求が理由がない場合には，国税不服審判所長は，裁決で，当該審査請求を棄却する。3　審査請求が理由がある場合には，国税不服審判所長は，裁決で，当該審査請求に係る処分の全部若しくは一部を取り消し，又はこれを変更する。ただし，審査請求人の不利益に当該処分を変更することはできない。4　国税不服審判所長は，裁決をする場合（第92条（審理手続を経ないでする却下裁決）の規定により当該審査請求を却下する場合を除く。）には，担当審判官及び参加審判官の議決に基づいてこれをしなければならない。」と規定している。

　審査請求の裁決の手続きは，審査請求についての国税不服審判所長の判断を示すものであり，裁決書に主文，事案の概要，審理関係人の主張の要旨及び理由[27]を記載し，国税不服審判所長が記名押印した書面で行われる。また，裁決は，国税不服審判所長が審査請求人に対して裁決書の謄本を送達した時にその効力を生ずる。また，再調査の請求と同様に，審査請求の裁決が，原処分の全部又は一部を維持するものであるときは，その理由の記載において，原処分を正当とする理由を明らかにしなければならない。

　そして，裁決には，法的拘束力が付与されている。裁決の拘束力は，通則法第102条において，「裁決は，関係行政庁を拘束する。2　申請若しくは請求に基づいてした処分が手続の違法若しくは不当を理由として裁決で取り消され，又は申請若しくは請求を却下し若しくは棄却した処分が裁決で取り消された場合には，当該処分に係る行政機関の長は，裁決の趣旨に従い，改めて申請又は請求に対する処分をしなければならない。3　国税に関する法律に基づいて公

示された処分が裁決で取り消され，又は変更された場合には，当該処分に係る行政機関の長は，当該処分が取り消され，又は変更された旨を公示しなければならない。4　国税に関する法律に基づいて処分の相手方以外の第109条第1項（参加人）に規定する利害関係人に通知された処分が裁決で取り消され，又は変更された場合には，当該処分に係る行政機関の長は，その通知を受けた者（審査請求人及び参加人を除く。）に，当該処分が取り消され，又は変更された旨を通知しなければならない。」と規定されている。拘束力は，裁決の主文と一体不可分の理由について生じ，関係行政庁は，当該課税事案については，それに反する処分をなしえない[28]。

　また，裁決の効力には，上述した拘束力の他，行政事件訴訟法（以下，「行訴法」という。）等で制度として認められている公定力，不可争力，執行力や学説，判例により構成された不可変更力が認められている。公定力とは，行政行為は仮に違法であっても，取消権限のある者によって取り消されるまでは，何人（私人，裁判所，行政庁）もその効果を否定することはできないという法現象である[29]。不可争力とは，一定期間経過すると私人の側から行政行為の効力を裁判上争い得なくなる効力である[30]。執行力とは，相手方の意思に反して行政行為の内容を行政権が自力で実現しうる効力のことである[31]。そして，不可変更力とは，処分をした行政機関つまり処分庁が自らこれを変更することができない効力をいう[32]。

　裁決の手続きについても決定と同様に法律で明確に規定されている。また，国税不服審判所長には，裁決の法的権限が与えられている。更に，裁決には，不利益処分が禁止されている。従って，審査請求の対象となった更正に係る税額は，裁決により増額することはない。そして，裁決の効力には，法律において拘束力が規定され，更に公定力等が判例等で認められている。

　つまり，国税不服審判所長には，却下（通則法第98条第1項）及び棄却（同法第2項）の更正を維持する法的権限と，全部若しくは一部を取り消し（同法第3項）租税債務を減少させる法的権限が制文法上与えられている。

（3）判　決

　訴訟手続きは，当事者の訴え提起により開始され，訴えの取下げなど当事者自身の訴訟行為によって訴訟手続きが終了する場合を除き，裁判所の終局判決によって終了する[33]。民事訴訟法第243条では，「裁判所は，訴訟が裁判をするのに熟した時は，終局判決をする。」と規定され，裁判所に判決の法的権限が与えられている。

　「行訴法」第30条では，「行政庁の裁量処分については，裁量権の範囲をこえ又はその濫用があつた場合に限り，裁判所は，その処分を取り消すことができる。」と規定している。取消訴訟が提起された場合には，裁量権の逸脱・濫用があった場合に限り，司法審査に服することとなる。裁量処分は，法により許容された行政庁の裁量権の範囲内として当・不当の問題にとどまる限り，裁判所による取消しの対象とはならないが，例外として裁量権の範囲をこえ又はその濫用があつた場合には，取消事由というかたちで司法審査に服する[34]。

　取消判決の効力には，行訴法第32条第1項において，「処分又は裁決を取り消す判決は，第三者に対しても効力を有する。」と，第三者効を有することが規定されている。更に，同法33条においては，「処分又は裁決を取り消す判決は，その事件について，処分又は裁決をした行政庁その他の関係行政庁を拘束する。」と規定されている。

　取消訴訟の判決には，①訴訟要件を具備していない場合に訴えを不適法とする却下の判決，②原告の請求を判断した結果，更正の処分が違法ではないことが判明し，原告の請求を排斥する請求棄却の判決，③原告の請求を判断した結果，更正の処分が違法であることが判明し，その全部（全部認容判決）又は一部を取消す（一部認容判決）請求認容の判決の3種類がある。

　取消訴訟の訴訟当事者である原告（納税者）は，原告適格を有する必要がある。原告適格については，行訴法第9条第1項において，「処分の取消しの訴え及び裁決の取消しの訴え（以下「取消訴訟」という。）は，当該処分又は裁決の取消しを求めるにつき法律上の利益を有する者（処分又は裁決の効果が期間の経過その他の理由によりなくなつた後においてもなお処分又は裁決の取消しによつて回復すべき法律上の利益を有する者を含む。）に限り，提起することができる。」と規

定している。この訴えの利益は，訴えの内容たる請求が判決を下すことの必要性があるかどうかで判断される[35]。

　判決の成立には，その内容判断の外界への表示，すなわち言渡しによって成立し，その効力を生じるが，その前提として，まず判決内容の確定及び判決書の作成の手続きがあり，また言渡し後に判決正本の当事者への送達の手続きがある[36]。判決書には，主文，事実，理由，口頭弁論の終結の日，当事者及び法定代理人及び裁判所が記載される。

　そして，確定判決の効力には，形成力・既判力・拘束力及び執行力がある。形成力とは，処分又は裁決の取消判決が確定すると，処分又は裁決は，これをした行政庁の取消しを待たず，当然遡って効力を失わせるものである。取消訴訟は，国民や他の国家機関を拘束する公定力を有する処分の効力を失わせる唯一の制度であるから，この形成力は，取消判決の本質的効力ともいうべきものである[37]。既判力とは，租税訴訟の判決が確定すると，当事者は，その判断内容につき，後訴において，同一事項につき確定判決の内容と矛盾する主張をしてその判断を争うことができず，後訴裁判所も，同一事項につき確定判決の内容と矛盾する判断をすることができない効力である[38]。拘束力とは，行訴法第33条第1項において，「処分又は裁決を取り消す判決は，その事件について，処分又は裁決をした行政庁その他の関係行政庁を拘束する。」と規定しており，取消判決の実効性を保障するため，行政庁に対しその事件について判決の趣旨に従って行動すべきことを実定法上特に義務付けた特殊な効力である[39]。執行力とは，判決の内容が強制執行によって実現できる効力をいう[40]。

　このように訴訟の判決には，決定及び裁決以上に，様々な法的手続きを経た後に言渡されるものであり，課税当局の行う更正，決定及び国税不服審判所長の行う裁決の効力を失わせる強力な法的効果（形成力）をも有している。また，税務訴訟の判決では，更正又は裁決の取消しに対しての判決[41]が下されることから，租税債務が維持，減少及び消滅することとなる。

　そして，判決を下す法的権限を有するのは，裁判所である。

　上述したとおり，決定及び裁決では通則法により不利益処分が禁止され，判決では更正において確定した租税債務の減少事由が訴えの利益となる。つま

り，納税者の不利益に変更する租税法律については，租税法規不遡及の原則により禁止されている。法律の明文規定によって法律を遡及的に納税者の利益に変更することは許されるとしても，不利益に変更することは許されない。人々の法的生活の安定を害するからである[42]。また，各機関の法的権限及び法的手続は，法律において明確に規定されている。現行の税務争訟手続きは，租税法律主義に基づいた課税の賦課・徴収が行われている証明でもある。

　税務争訟手続きにおける決定，裁決及び判決は，第1章で叙述した課税当局の更正により確定した租税債務を維持，減少及び消滅させる強力な法的効果・法的権限を有するものと理解できる。

　そして，決定，裁決及び判決を行う各機関，つまり，再調査審理庁，国税不服審判所及び裁判所には，更正により確定した租税債務を増加・拡張させる法的権限を有しないことも確認できた。

Ⅳ．現行法における再更正の見直しについて

　再更正は，税務係争中に拘わらず適法な処分である。

　税務争訟手続きでは，納税者の権利救済及び課税当局の違法是正を目的として更正の取消しを求めることから，不服審査における決定，裁決，及び訴訟における判決で納税者への不利益変更等が禁止されている。しかし，現行通則法では，争訟係属中でも，更正の除斥期間内であれば，改めて別個の手続きによる再更正が禁止されていない。

　係争中における再更正の適法性について，裁判例では，「納税者より異議申立てあるいは審査請求がなされた場合，税務署長，国税不服審判所長は，当該申立人あるいは請求人の不利益に当該処分を変更することはできないが，右不利益変更禁止の原則は，当該手続内において増額決定をすることを禁止するにとどまるのであつて，改めて別個の手続で再更正処分することは，訴訟係属中であつても，更正の期間内である限り差支えない。」[43]「国税通則法98条2項（裁決）所定の不利益変更禁止は，あくまでも国税不服審判所長への審査請求に係る裁決主文に対する制約にすぎないのであつて，国税不服審判所における

審理の内容や裁決の理由の記載の仕方にまで及ぶものではないし，まして，国税通則法26条（再更正）の規定に基づいてする税務署長の更正処分に制約を及ぼすものとは解されない。」[44]と判示している。つまり，裁判所でも争訟係属中における再更正を認めている。

しかし，本稿において叙述した通り，争訟係属中における再更正は，各機関で行われる決定，裁決及び判決の法的権限及び訴訟物に影響を与えることが明確である。

筆者は，争訟係属中における課税当局の再更正について，何らかの見直しが必要でなかろうかと思料する。以下，再更正の現行制度における問題及び現行法の欠缺について，筆者なりの見解を記す。

１．争訟係属中における減額再更正の見直しについて

各機関の明確な法的権限に基づき，課税当局の減額再更正が行われるべきである。

現行の通則法第26条では，「税務署長は，〜中略〜更正又は決定をした後，その更正又は決定をした課税標準等又は税額等が過大又は過少であることを知つたときは，その調査により，当該更正又は決定に係る課税標準等又は税額等を更正する。」と規定し，争訟係属中であるか否かに拘わらず，増額再更正と減額再更正を同一の法的権限として規定している。

課税当局の増額再更正は，争訟係属中であるか否かに拘わらず，各機関が有する法的決定権限に何ら抵触しない。各機関は，租税債務を増加させる法的決定権限を有していないからである。しかし，争訟係属中における課税当局の減額再更正は，第3章で確認した通り，各機関の法的権限，つまり，租税債務を減少または消滅させるという同一の法的効力を有する。従って，争訟係属中における課税当局の減額再更正は，各機関の法的決定権限を侵害しているものと解される。特に，訴訟係属中における課税当局（行政）の減額再更正は，裁判所（司法）の判決に対する法的権限への侵害の恐れがあることから，行政権の司法権への介入と理解することも出来る。いわゆる法の欠缺である。

よって，筆者は，争訟係属中における課税当局が行う増額再更正と減額再更

正の法的権限を明確に区別し，争訟係属中に減額再更正を行う必要がある状態が現出した場合，減額再更正の内容を各機関の法的権限内，つまり，決定・裁決及び判決の内容に包含するか，または，争訟係属中における減額再更正に何かしらの法的制限を加えるべきものであると思料する。

2．争訟係属中における再更正の法的制限について

　争訟係属中に再更正が行われた場合には，訴訟物に何らかの影響を与える。従って，争訟係属中の再更正に制限を加えるべきである。

　税務争訟の真の狙いは，当該行政処分によって生じた違法状態を排除し，もとの状態に回復し，これによって基本的人権を確保し保障することにあると考えるべきである[45]。また，税務訴訟は，更正という法的手続きに基づいた違法状態を審理する手続きでもある。

　現行の通則法は，争訟係属中においても，課税当局のみの独断で再更正を行うことが認められている。

　再更正は，課税当局が自ら行った更正という違法状態から，自ら解消を図る法的手段でもある。また，争訟係属中における再更正は，課税当局の調査不足及び法令解釈の誤り等が争訟係属中に顕在化し，当該調査不足等の状態を回避するために，被告（課税当局）の不利な状態を排除することができる法的権限をも具備している。この争訟係争中における再更正に対して，田中二郎裁判官は，「被告行政庁側の措置が，敗訴を免れるために意識的にされたような場合には，あるいは更正権の濫用として，あるいは信義則の違反として，その効力を否定することもできるであろうが，そのような理論をまつまでもなく，訴訟の実体を洞察し，納税者や一般国民の納得のいく判断がなされなければならない。」[46]と，厳しく批判している。

　また，再更正は，訴訟係属中に被告（課税当局）に対し，争いの対象である訴訟物を自由自在に変化させる法的権限と捉えることもできる。そして，争訟係属中に再更正が行われた場合，各機関の審理過程には，何らかの影響を及ぼすと共に，審理の後半ともなれば，決定，裁決及び判決にも影響を与えかねない。

　税務争訟が課税当局の違法是正を目的とする観点から考察した場合，争訟係属中に被告自身が自ら行った更正という訴訟物に対して，独断で自由自在に変化を加えることが可能な状態は，決して好ましくない。また，訴訟物は，判例や学説での法解釈による判断ではなく，制文法において明確に規定すべきである。

　筆者は，争訟係属中における再更正には，法的制限を加える必要があると思料する。

おわりに

　税法の規定が憲法の人権条項などに具体的に違反しない，つまり違憲でないとした場合の，当該税法の解釈・適用上の基本的指導法原理は，租税法律主義の原則につきるといってよい。換言すれば，所与の税法秩序のもとでの税法解釈学上の諸問題は，結局は租税法律主義の原則をめぐる問題に帰するといってよい。税法の具体的実践において，租税法律主義の原則がいわば姿を変えて登場してくる。その姿を変えて登場してくるはずの租税法律主義の原則を，各個の場合において具体的に追及・確認することが，所与の税法秩序のもとでの税法解釈学上の基本的課題であるといわねばならない[47]。

　現行法における再更正は，租税法律主義に基づいた租税の賦課・徴収であるから，違法・違憲ではない。

　しかし，納税者に帰責事由が存在せず，後に多額な減額再更正が行われるような更正が行われた場合には，国民の財産権への侵害に繋がる恐れもある。この場合には，当初の更正が違法であるのみならず，財産権への侵害で違憲となり，当初の更正の全部が取消されることとなる。

　憲法　第3章「国民の権利及び義務」の第29条では，「財産権は，これを侵してはならない。②財産権の内容は，公共の福祉に適合するやうに，法律でこれを定める。③私有財産は，正当な補償の下に，これを公共のために用ひることができる。」と，国民に財産権を保障している。

　筆者は，税務実務で携わった事案で，本稿の「再更正」に対する法的権限，

法的手続き及び現行通則法への疑念が深まった。

　筆者らは，納税義務者の委嘱に基づき，相続税の税務調査の立会を行った。当該税務調査の結果は，課税当局（国税局課税第一部資料調査課）と納税者及び筆者らとの間で，事実認定及び税法解釈等において見解の相違が生じる結論に至った。従って，筆者らは，課税当局の修正申告の慫慂を拒否し，更正の処分を受けた。その後，筆者らは，税務争訟手続きにより，納税者の権利救済及び課税当局の違法是正を図ることにした。更正の処分による追加納税額は，附帯税を含め約３億５千万円であった。

　更正の処分後，筆者らは，税務争訟手続きを開始した。税務争訟中，原処分庁は，標準審理期間 48) を大幅に経過した裁決直前に，減額再更正処分を行った。この減額再更正では，約３億円が納税者に返還された。また，当該減額再更正は，国税不服審判所における審理手続終結後の裁決直前であったことから，担当審判官も驚きを隠せない様子であり，そして，一時的に審理が不安定な状況に陥った。

　当該事案では，違法な更正により，３億円という多額な租税債務が訴訟物として一時確定し，後に，原処分庁自らがこの確定した訴訟物を，自らの減額再更正で消滅させたものである。そして，原処分庁は，この減額再更正により，自らの更正を起因とした違法状態を解消させたものである。

　現行の通則法において，当該再更正は，適法である。

　しかし，適法であるとはいえ，当該事案では，明らかに更正権の濫用や財産権の侵害等と批判されても仕方のない処分といえる。そして，もし，納税者らが税務争訟手続きによる救済を選択しなければ，約３億円もの国民の財産が違法に国家へ帰属する結果になることは，税法の専門家でなくても容易に推認しうるものである。筆者のみならず，当該事案の関係者のほとんどが，当初の更正及び争訟係属中における再更正に疑念を抱いた。

　本事案が，本稿を上梓する理由である。

　更正の処分権は，申告納税制度を健全に機能させるため，課税当局に強力な法的権限として保障されなければならない。しかし，将来，多額の減額再更正が予期しうるような安易な更正の処分は，租税法律主義の趣旨及び租税正義の

観点から決して望ましい行政処分ではない。

　筆者は，この安易な更正の処分を抑制する観点からも，再更正の法改正が必要であるものと思料する。

【注】

1）金子　宏『租税法〔第二十四版〕』（弘文堂・2021 年）9 頁。

2）同上，10 頁。

3）通則法第 25 条に規定する「決定」は，本稿での考察の対象から除外する。

4）長谷部恭男編『注釈日本国憲法（3）（有斐閣・2020 年）』147-148 頁。

5）金子宏教授は，「国民は法律の定めによらずして，納税の義務を負うことはない旨を宣明するものである。」と言及しつつ，「利益説と義務説のいずれかに一方的に偏するものではなく，両者を止揚する意味で民主主義的租税観を表明したものであると理解すべきであろう。」と説明している。金子・前掲注（1），21-22 頁。

6）同上，79 頁。

7）志場喜徳郎他『国税通則法精解』（大蔵財務協会・2019 年）276 頁。

8）同上，277 頁。

9）同上，379 頁。

10）田中二郎『租税法〔第三版〕』（有斐閣・2001 年）209 頁。

11）「申告に係る課税標準等又は税額等の計算が，法律の規定に従つていないときその他正当でないときは，課税の適正・充実を期する観点から，これを正当額に修正変更する権能を国において確保しておかなければならない。」武田昌輔監修『DHC コンメンタール国税通則法』（第一法規・1982 年）1502 頁。

12）シャウプ使節団日本税制報告書では，更正処分の法的権限について，「申告書を提出しなければならないすべての納税者は，この申告納税によって自分等の所得を政府に報告している。このように報告している各人は，国庫が当面している行政上の事務の一端を負担しているのである。もし税務行政が成功することを希望するならば，このような納税者の大多数が自発的に行政上の事務の幾らかを分担しなければならない。同時に，政府は，その信頼を裏切り虚偽あるいは不正な申告をした納税者を，厳重に法律で取締まることをこのような大多数の者に保証しなければならない。」と，不正な申告をする納税者には，法律で厳しく取り締まることを国民に保証しなければならない旨を勧告している。福田幸弘監修『シャウプの税制勧告』（霞出版社・1985 年）367 頁。

13）志場・前掲注（7），391 頁。

14）金子・前掲注（1），980-981 頁。

15）今村隆他『課税訴訟の理論と実務』（税務経理協会・1998 年）102 頁。

16）東亜由美「課税訴訟における吸収説の再検討（1）」税理第 43 巻第 4 号 158 頁，2000 年

1月。

17) 最判昭和42年9月19日。

18) 最判昭和46年3月25日。

19) 金子・前掲注 (1)，982頁。

20)「この法律では，両説の長所を採った折衷的な立場をとり，「前の申告等と後の更正等とはあくまで別個の行為として併存し，したがって後の更正等の効力は，例えば増額更正の場合は増差税額に関する処分についてのみ生ずるが，両者はあくまで一個の納税義務の内容の具体化のための行為であるので，後の更正等により前の申告等はこれに吸収されて一体的なものとなり，ただ，後の更正等が何らかの事情で取り消された場合にも，前の申告等は，依然としてその効力を持続するという特殊な性格を有するものである」との見解を前提として，規定の整備を図っている。」志場喜徳郎他『国税通則法精解』（大蔵財務協会・2019年）403-404頁。

21) この取り扱いが異なることについて，東亜由美氏は，「税額を増額する類型と減額する類型について取扱いが異なることは，それ自体，釈然としないきらいがある。」と言及し，再検討を要する旨の説明している。東・前掲注 (16)，158頁。

22) 成松洋一『法人税法セミナー〔6訂版〕』（税務経理協会・2021年）374頁。

23) 反対意見として，中井稔氏は，「通則法第1条では，この法律の目的として「国税に関する法律関係を明確にするとともに税務行政の公平な運営を図り，もって納税義務の適正かつ円滑な履行に資する」と明示していることからすれば，税務官庁は事実認定に慎重を期し正しい法令解釈をなすべきであるから，再更正が幾度も繰返されることは好ましいことではない。」と言及している。中井　稔「更正・再更正と期間制限について」税経通信39頁，2007年2月。

24) 志場・前掲注 (7)，1101-1102頁。

25) 同上，1106頁。

26) 金子・前掲注 (1)，1111頁。

27) 平成26年6月に，行政不服審査法の改正において，審査請求人の手続保障及び手続の公正性・透明性を確保する観点から，裁決書の必要的記載事項を具体的に定めることとされた。志場・前掲注 (7)，1204-1205頁。

28) 金子・前掲注 (1)，1119頁。

29) 塩野　宏『行政法Ⅰ［第六版］行政法総論』（有斐閣・2015年）160頁。

30) 同上，171頁。

31) 同上，173頁。

32) 同上，175頁。

33) 伊藤　眞『民事訴訟法［第五版］』（有斐閣・2017年）491頁。

34) 南　博方『条解行政事件訴訟法第4版』（弘文堂・2016年）608頁。

35) 武田・前掲注 (11)，5047の3頁。

36) 伊藤・前掲注 (33)，500頁。

37）平田　豊『租税訴訟の審理について（第 3 版）』（法曹会・2018 年）245 頁。

38）同上，247 頁。

39）同上，250 頁。

40）中尾　巧『税務訴訟入門（第 3 版）』（商事法務・2007 年）87 頁。

41）判決事項として，民事訴訟法第 246 条では，「裁判所は，当事者が申し立てていない事項について，判決をすることができない。」と規定されている。

42）北野弘久『租税法原論〔第 9 版〕』（勁草書房・2022 年）81 頁。

43）名古屋高裁判　昭和 51 年 2 月 28 日。

44）名古屋高裁判　昭和 62 年 7 月 28 日。

45）田中・前掲注（10），370 頁。

46）最判昭和　42 年 9 月 19 日。

47）北野・前掲注（42），73 頁。

48）通則法第 77 条の 2 では，審理の遅延を防ぎ，審査請求人の権利利益の救済を図る観点から，審理期間の目安となる標準審理期間の設定について規定されている。審査請求に係る標準審理期間は，1 年が目安である。

索　引

《編著者紹介》

小池和彰（こいけ・かずあき）

1986 年　東北学院大学経済学部経済学科卒業
1988 年　早稲田大学大学院商学研究科修士課程修了
1992 年　早稲田大学大学院商学研究科博士後期課程単位取得退学
同　年　京都産業大学経営学部専任講師
京都産業大学経営学部教授を経て
東北学院大学経営学部教授，現職。

主要著書

『現代会社簿記論』（共著）中央経済社，1993 年。
『国際化時代と会計』（共著）中央経済社，1994 年。
『現代会計研究』（共著）白桃書房，2002 年。
『タックス・プランニング入門』（単著）創成社，2011 年。
『アカウンティング・トピックス（増補第二版）』（単著）創成社，2016 年。
『税理士になろう！』（編著）創成社，2017 年。
『給与所得者の必要経費　増補改訂版』（単著）税務経理協会，2017 年。
『解説法人税法第 5 版』（共著）税務経理協会，2018 年。
『新中級商業簿記』（共著）創成社，2019 年。
『新入門商業簿記』（共著）創成社，2019 年。
『税理士になろう！ 2』（編著）創成社，2019 年。
『財政支出削減の理論と財源確保の手段に関する諸問題』（単著）税務経
　　理協会，2020 年。
『解説所得税法第 6 版』（共著）　税務経理協会，2022 年。
『税理士になろう！ 3』（編著）創成社，2023 年。
『現代租税法研究』（編著）創成社，2024 年。

（検印省略）

2024 年 1 月 23 日　初版発行　　　　　　略称―現代租税法

現代租税法研究

編　著　者　小池和彰
発　行　者　塚田尚寛

発行所　東京都文京区　**株式会社　創成社**
　　　　春日 2 - 13 - 1
　　　　電　話 03（3868）3867　　　Ｆ Ａ Ｘ 03（5802）6802
　　　　出版部 03（3868）3857　　　Ｆ Ａ Ｘ 03（5802）6801
　　　　http://www.books-sosei.com　　振　替 00150-9-191261

定価はカバーに表示してあります。

©2024 Kazuaki Koike　　　　　　　組版：スリーエス　印刷・製本：鳩
ISBN978-4-7944-1591-2　C3034
Printed in Japan　　　　　　　　　　落丁・乱丁本はお取り替えいたします。

──────── 簿記・会計学選書 ────────

現 代 租 税 法 研 究	小 池 和 彰	編著	2,800 円
タックス・プランニング入門	小 池 和 彰	著	2,200 円
アカウンティング・トピックス	小 池 和 彰	著	2,200 円
税 務 会 計 論	柳 裕 治	編著	2,800 円
企 業 簿 記 論	中 島 真 澄 高 橋 円 香 柴 野 宏 行	著	2,300 円
ニューステップアップ簿記	大 野 智 弘	編著	2,700 円
基礎から学ぶアカウンティング入門	古 賀・遠 藤 片 桐・田 代 松 脇	著	2,600 円
会計・ファイナンスの基礎・基本	島 本・片 上 粂 井・引 地 藤 原	著	2,500 円
学 部 生 の た め の 企 業 分 析 テ キ ス ト ―業界・経営・財務分析の基本―	高 橋 聡 福 川 裕 徳 三 浦 敬	編著	3,200 円
日 本 簿 記 学 説 の 歴 史 探 訪	上 野 清 貴	編著	3,000 円
全 国 経 理 教 育 協 会 公式 簿記会計仕訳ハンドブック	上 野 清 貴 吉 田 智 也	編著	1,200 円
管 理 会 計 っ て 何 だ ろ う ―町のパン屋さんからトヨタまで―	香 取 徹	著	1,900 円
原 価 会 計 の 基 礎 と 応 用	望 月 恒 男 細 海 昌 一 郎	編著	3,600 円
工 業 簿 記・原 価 計 算 の 解 法	中 島 洋 行 薄 井 浩 信	著	2,500 円
コ ン ピ ュ ー タ 会 計 基 礎	河 合・櫻 井 成 田・堀 内	著	1,900 円
ゼ ミ ナ ー ル 監 査 論	山 本 貴 啓	著	3,200 円
はじめて学ぶ国際会計論	行 待 三 輪	著	1,900 円

(本体価格)

──────── 創 成 社 ────────